澳大利亚 Australia
旅行助手
无微不至的旅行管家

《出境旅行助手》编辑部　编著

北京·旅游教育出版社

写在前面 FOREWO

旅行是一种体验,也是一种记忆。

背上行囊,开始远行。书在包中,包在肩上,路在脚下。

出境旅行助手丛书,是实现旅行梦想的工具,是答疑解惑的管家,是收藏记忆的百宝箱。我们以碎片化、图表化的结构,将旅行中可能会遇到的各种问题,直观呈现解决方案,让读者能在最短的时间内,规划出属于自己独一无二的行程,完成一次美好的旅行。

作为旅行助手,我们为您提供了最实用的旅行问题解决方案,随时静候查询:

—— 如何办理护照与签证?

—— 怎样订机票最便宜?

—— 如何解决目的地住宿?

—— 境外刷卡有什么要求?

—— 在境外如何打电话?

—— 出发时要带什么行李?

—— 如何从机场前往市区?

—— 哪些 APP 最实用?

—— 遇到了意外情况怎么办?

作为贴心管家,我们为您做出了科学的行程规划,吃住行游购娱,样样精心安排:

—— 吃什么最地道?

—— 住哪里最合适?

—— 怎样出行最便捷?

—— 去哪玩最经典?

—— 买什么最实惠?

—— 玩什么最尽兴?

凡此种种,对于一个出境游经验不甚丰富的人来说,都是迫切需要解决的问题。

我们还以"过来人经验谈"的形式,晒出了数十位旅游达人的亲身体验,以期更加深入地与读者分享旅途中的点点滴滴……

说走就走,是旅行的号角;充分准备,是旅行的保障。著名作家王小波曾经说过:"当一切都开始了以后,这世界上再没有什么可怕的事。"Lonely Planet 创始人托尼·惠勒也曾说过:"当你下定决心准备出发时,最困难的时刻就已经过去了。"

亲爱的读者,还在等什么?快把我装在包中,一起出发吧!

PS 本书写了什么?

澳大利亚海洋景观和沙漠风光并存,美景醉人,生活闲适,已经成为无数国人出境游热门目的地。《澳大利亚旅行助手》浓墨重彩地介绍了"去澳大利亚要做的9件事""4大步骤详解出入境""澳大利亚扫货必备攻略""如何在澳大利亚自驾游"等内容。从行前准备到游玩攻略,从出入境到机票预订、酒店预订、火车预订等,事无巨细地进行了梳理,给出特色旅行线路,帮助读者打造专属行程,是国内游客前往澳大利亚旅行的专业助手和贴心管家。

随时都要排队等候 1

 过来人经验谈

 luishomecom · 男 · 大学生 · 怀揣梦想,遇见生活

　　排队在澳大利亚是一个很重要的习惯,不管是付款还是等车,都需遵循这个原则,如果破坏这个规矩会很不受欢迎。

 蓝咖啡 · 男 · 某公司总经理 · 注重旅行质量

　　在银行、邮局、公共汽车站等公共场所,看到的人们都是耐心等待,不存在"加塞儿(插队)"说法,即使排队等待的人再多,也没有人去插队。看到这样的景象,也便入乡随俗了,根本不会有插队的想法了,真是环境改变人啊。

 剪不断的山水情 · 女 · 摄影师 · 热爱生活,视角独特

　　我一直认为排队是一种很有礼貌的行为,感觉排队后获得的东西很有价值,这种想法在那一次得到了证实。那次是悉尼的节礼日(Boxing Day),

各大商场在这个日子里开始了疯狂的打折活动，大街上挤满了人。我跟朋友挤进了维多利亚女王大厦中，在那些触手可及的大牌面前，我开始了排队之旅。经过几番排队之后，我收获了很多惊喜。

管家提示
　　澳大利亚人遵守自觉排队原则，在银行、提款机、超市柜台等场所都需要排队。在排队等候时，要注意和前面的人保持适当距离。

态度要谦和 2

过来人经验谈

luishomecom · 男 · 大学生 · 怀揣梦想，遇见生活

澳大利亚人都很友好，一般在澳大利亚，不管是买完东西、还是下公交车或是向人问路、与人交流之后，请对收银员、司机或者路人说一声"Thank you, Have a nice day"，他们一定会对你回报以热情的微笑。在澳大利亚乘公交车时，发现很多人会在下车时，从后面走到前门或者在后门处对司机说一声"Thank you"再下车。

管家提示

澳大利亚人很讲究礼貌，在公共场合从来不大声喧哗；还有"妇女优先"的习惯；在社交场合，忌讳打哈欠、伸懒腰等小动作，更不要随地吐痰、扔烟头、丢垃圾，这不仅是礼貌不礼貌的问题，严重者还会被罚款。

注意守时 3

过来人经验谈

Fashion 紫陌 · 女 · 时尚编辑 · 喜爱摄影

澳大利亚人非常重视时间,这在公共交通上表现得十分明显,这也保证了澳大利亚较高的交通运营水平。尽管在守时方面没有明文规定,但是在与朋友约会时也必须守时,这是当地约定俗成的规矩。通常,比约好的时间晚到5分钟可以接受,但是迟到方必须道歉,并简单说明原因。经常不按时赴约,会被看作是不讲信用的人。我们中国是礼仪之国,所以出门在外可不要因为不守时丢自己国家脸啊。

管家提示

当地人时间观念很强,在参加活动时须注意守时。在去拜访别人之前,最好先打电话预约一下,约好时间后,就要准时赴约。

尽量不要讨价还价 4

过来人经验谈

行走路途间·男·某公司职员·痴迷旅行

在澳洲,一般商店中的卖家不会跟客人讨价还价,如果你感觉东西价格太贵,可以不买,不要试着和店员还价,这会让店员不解甚至烦心。不过在唐人街、二手市场消费时,讨价还价的情况就比较常见了。

luishomecom·男·大学生·怀揣梦想,遇见生活

澳大利亚当地人没有讨价还价的习惯,一般澳大利亚的各种物品上都标示有相关的价格,按照所标示的物价购买即可。如果有不明白的地方,或者看不懂英语标注,请主动询问别人,不要试图猜测,以免带来误会。

管家提示

不喜欢讨价还价是澳大利亚人的习惯。澳大利亚商人在谈判中谈及价格时,不喜欢对方报高价后再慢慢地减价,认为这种讨价还价的情况属于浪费时间。所以,通常他们根本不给对方讨价还价的机会。

文明留影很重要 5

 过来人经验谈

 逐梦者·男·自由职业者·渴望周游世界

由于澳大利亚的土著不喜欢被拍照，所以跟他们的接触比较少，虽然在北领地经常和一些打扮很有特色的土著擦肩而过，但是因为不知道怎么与其沟通，就没有靠近。唯一一次近距离接触澳大利亚土著，是在一个休息站，遇到了一对卖画的土著夫妻，在买了他们一幅画之后，那个男士还跟我击掌庆祝。看来，他们还是挺友善的。

管家提示

在澳大利亚，如果想与儿童合影，应事先征得家长同意，也一定不要随意与儿童发生身体接触，如摸头等行为，以免被认为有骚扰嫌疑。此外，土著居民较为保守，大多不喜欢游客拍照。

目录 CONTENTS

亮点　4 大特色抢鲜读
- 16　NO.1 微信互动
- 16　NO.2 过来人经验谈
- 16　NO.3 速查速知
- 16　NO.4 管家提示

游季　澳大利亚四季旅行月历
- 17　春季
- 18　夏季
- 19　秋季
- 21　冬季

体验　7 大玩法必体验
- 22　NO.1 造访悉尼歌剧院
- 22　NO.2 畅游大堡礁
- 22　NO.3 玩转黄金海岸
- 23　NO.4 自驾大洋路
- 23　NO.5 结识袋鼠与考拉
- 23　NO.6 细品美味葡萄酒
- 23　NO.7 探索艾尔斯岩

导读　5 条线路玩转澳大利亚
- 24　沿东海岸旅行
- 28　在澳大利亚南部旅行
- 30　在西澳大利亚旅行
- 33　到北领地探秘
- 35　探访塔斯马尼亚

Part 1　去澳大利亚要做的 9 件事

NO.1　如何办理护照与签证
- 40　**过来人经验谈**
- 41　熟知护照办理流程
- 42　自己怎样办签证
- 44　找机构代办省时省心
- 45　轻松化解签证难题
- 45　**管家提示**

NO.2　去澳大利亚怎样订机票
- 46　**过来人经验谈**
- 47　常用的机票预订网
- 47　提供直飞澳大利亚航班的航空公司
- 48　购买廉价机票小策略
- 49　机票预订不可忽略的事
- 49　图解澳大利亚机票预订流程
- 50　**管家提示**

NO.3　怎样解决在澳大利亚的住宿
- 51　**过来人经验谈**
- 52　澳大利亚常见的住宿类型
- 53　"驴友"最常用的酒店预订网站
- 54　酒店预订不可忽略的事
- 55　图解澳大利亚酒店预订流程
- 57　**管家提示**

NO.4　如何在澳大利亚刷卡
- 58　**过来人经验谈**
- 58　哪些信用卡在澳大利亚能用
- 59　如何在澳大利亚使用银行卡
- 60　**管家提示**

NO.5　兑换适量的澳元
- 61　**过来人经验谈**

61	支持澳元兑换的机构
62	坚决不要大额澳元
62	带多少澳元合适
63	**管家提示**

NO.6　携带行李有讲究
64	**过来人经验谈**
64	必备行李
65	备用装备
65	做个行李备忘录
66	行李打包窍门
67	**管家提示**

NO.7　做好通信准备
68	**过来人经验谈**
68	方便快捷的国际漫游
69	省钱的电话卡
69	教亲人如何与你联系
70	**管家提示**

NO.8　买份旅行保险
71	**过来人经验谈**
71	哪些保险公司靠谱
72	花小钱换大保障
72	**管家提示**

NO.9　提前下载 APP
73	**过来人经验谈**
74	澳大利亚旅游局 APP
74	Google 地图
74	TomTom Australia
74	澳大利亚地图
74	Australia Travel Guide by Triposo
75	猫途鹰
75	Booking
75	Airbnb
75	**管家提示**

Part 2
4 大步骤详解出入境

NO.1　出境别大意
78	**过来人经验谈**
78	为何提早去机场
80	教你看懂报关卡
81	了解入境登记卡
82	**管家提示**

NO.2　入境别慌张
83	**过来人经验谈**
84	边检过关不要紧张
85	行李领取不出错
85	海关检查不左顾右盼
87	顺利出关
87	不可不知的转机常识
88	打电话与国内亲人联系
89	如何适应澳大利亚时差
90	**管家提示**

NO.3　从机场前往市区
91	**过来人经验谈**
92	乘车前往
94	提车自驾前往市区
94	**管家提示**

NO.4　安全离境那些事
95	**过来人经验谈**
96	办理离境手续
97	离境检查
97	**管家提示**

专题：在澳大利亚如何乘公共交通工具
98	在澳大利亚乘地铁
100	在澳大利亚乘公交车
101	在澳大利亚乘出租车

Part 3
境内预订，看这些就够

NO.1 门票预订
- 104 **过来人经验谈**
- 105 能够享受优惠的卡
- 106 图解门票预订流程
- 107 **管家提示**

NO.2 巴士预订
- 108 **过来人经验谈**
- 109 灰狗巴士路线
- 109 灰狗巴士通票种类
- 112 灰狗巴士外观一览
- 112 **管家提示**

NO.3 火车票预订
- 113 **过来人经验谈**
- 114 获取搭乘火车的技能
- 116 畅行澳大利亚的火车线路
- 117 能够享受优惠的套票
- 119 图解火车票预订流程
- 122 **管家提示**

NO.4 机票预订
- 123 **过来人经验谈**
- 124 澳大利亚常用的热门机票预订网
- 125 澳大利亚境内机票预订
- 126 **管家提示**

NO.5 旅行团预订
- 127 **过来人经验谈**
- 128 在澳大利亚怎样报团
- 128 澳大利亚知名地接社
- 129 跟团游经典线路
- 129 **管家提示**

Part 4
吃货教你吃"澳"餐

NO.1 澳大利亚有什么好吃的
- 132 **过来人经验谈**
- 133 平常都爱吃这些
- 133 地方特色比较甜
- 133 **管家提示**

NO.2 找餐馆有技巧
- 134 **过来人经验谈**
- 134 怎样找到华人餐馆
- 138 常见的澳大利亚餐馆类型
- 139 寻找餐馆集中区及本土餐馆
- 141 **管家提示**

NO.3 怎样看懂菜单
- 142 **过来人经验谈**
- 142 澳大利亚人一日三餐吃什么
- 143 像当地人一样去点餐
- 144 **管家提示**

NO.4 结账时如何付费
- 145 **过来人经验谈**
- 145 结账方式的选择
- 145 小费如何支付
- 145 **管家提示**

Part 5 澳大利亚扫货必备攻略

NO.1 买什么最地道
- 148 **过来人经验谈**
- 149 本土品牌
- 150 特产
- 150 化妆品
- 151 服装
- 151 **管家提示**

NO.2 去哪里买最合适
- 152 **过来人经验谈**
- 152 澳大利亚购物场所一览
- 156 免税店
- 156 **管家提示**

NO.3 说说退税那些事
- 157 **过来人经验谈**
- 157 旅行者如何退税
- 158 了解澳大利亚的消费税
- 158 **管家提示**

NO.4 买多了东西怎么办
- 159 **过来人经验谈**
- 159 物品可否过海关
- 159 带上飞机有什么要求
- 160 行李邮寄
- 160 **管家提示**

Part 6 如何在澳大利亚自驾游

NO.1 准备
- 164 **过来人经验谈**
- 165 了解澳大利亚的公路状况
- 165 确定行程与路线
- 169 买一份中英文的地图
- 169 提前做好驾照公证
- 170 **管家提示**

NO.2 租车
- 171 **过来人经验谈**
- 171 租车自驾资质要求
- 172 车友常用的自驾租车网
- 172 学会挑选租车公司与车型
- 175 学会网上租车
- 177 **管家提示**

NO.3 提车
- 178 **过来人经验谈**
- 178 如何前往租车公司网点
- 180 提车注意事项
- 181 **管家提示**

NO.4 驾车
- 182 **过来人经验谈**
- 183 规划线路有张有弛
- 183 了解当地驾车习惯
- 183 熟悉当地交通规则
- 184 道路标志解读
- 187 公路收费
- 187 掌握停车技巧
- 189 学会加油
- 189 故障 / 违章 / 意外事故处理
- 191 随车设备有备无患
- 191 **管家提示**

NO.5 还车
- 192 **过来人经验谈**
- 193 机场还车
- 193 异地还车方便快捷
- 193 **管家提示**

Part 7
澳大利亚主题游精选

NO.1　国家公园之旅
- 196　**过来人经验谈**
- 197　卡卡杜国家公园
- 198　蓝山国家公园
- 199　乌卢鲁－卡塔楚塔国家公园
- 199　其他国家公园
- 200　**管家提示**

NO.2　海岸之旅
- 201　**过来人经验谈**
- 202　大堡礁
- 203　黄金海岸
- 203　大洋路
- 204　拜伦湾
- 204　**管家提示**

NO.3　海滩之旅
- 205　**过来人经验谈**
- 206　邦迪海滩
- 207　曼利海滩
- 207　冲浪者天堂海滩
- 208　其他海滩
- 208　**管家提示**

NO.4　岛屿之旅
- 209　**过来人经验谈**
- 210　袋鼠岛
- 211　菲利普岛
- 211　费沙岛
- 211　摩顿岛
- 212　其他岛屿
- 212　**管家提示**

NO.5　红土中心之旅
- 213　**过来人经验谈**
- 214　艾尔斯岩
- 214　格兰海伦峡谷
- 214　帝王谷
- 215　**管家提示**

Part 8
突发情况从容应对

NO.1　物品丢失
- 218　**过来人经验谈**
- 218　护照丢失
- 219　信用卡丢失
- 220　行李丢失
- 220　机票丢失
- 220　**管家提示**

NO.2　身体不适
- 221　**过来人经验谈**
- 221　说说澳大利亚医疗
- 222　买药方式
- 223　食物中毒
- 223　普通感冒
- 223　突发疾病
- 223　**管家提示**

NO.3　其他突发事件
- 224　**过来人经验谈**

224	卫生间的那点事
226	迷路了怎么办
226	**管家提示**

专题：带小孩游澳大利亚

227	签证
228	机票
228	住宿
229	游玩
230	饮食

专题：带老人游澳大利亚

232	签证
233	住宿
233	游玩

Part 9
附录

236	应急电话
236	ATM 取款常用语
237	中国驻澳大利亚使领馆
237	澳大利亚主要旅游网站
238	澳大利亚世界遗产
239	澳大利亚行政区划
239	女性与儿童健康

亮点

4大特色抢鲜读

NO.1 微信互动
关注我们的微信公共平台"境外旅行助手"（微信号：jwlxzs），动动手指就能获取境外旅行资讯、攻略、小技巧，让旅途更加轻松、多姿多彩。

NO.2 过来人经验谈
过来人告诉你如何玩澳大利亚，让你消除对澳大利亚的陌生感。不管是办护照、签证，还是入境，甚至如何吃、住、行、游、购等，都能从过来人的讲述中汲取经验。

NO.3 速查速知
快速获取澳大利亚应急电话、中国驻澳大利亚使领馆、澳大利亚主要旅游网站、澳大利亚主要城市地铁交通图、澳大利亚世界遗产等信息。

NO.4 管家提示
管家提示无微不至，从计划出行到从澳大利亚回来面面俱到，让你用最简单、省心的方式畅游澳大利亚。

游季

澳大利亚四季旅行月历

春季 9~11月

🌡 穿衣指数

白天：平均23℃，建议穿棉麻面料的休闲衬衫、长裙、薄外套等衣服。

夜间：平均14℃，建议穿单层棉麻面料的短套装、T恤衫、薄牛仔衫裤、休闲服等舒适的衣服，还要带一件较厚的保暖毛衣或夹克。

🌡 温度

悉尼春季气温			
月份	9月	10月	11月
日均最高气温	21℃	23℃	24℃
日均最低气温	12℃	14℃	16℃

🎈 节日及节庆

时间	节日及节庆
9月	悉尼马拉松（9月20日）、堪培拉花卉节（9月14日~10月13日）、国王公园野花节、阿德莱德澳亚艺术节（9月13日~9月29日）
10月	墨尔本艺术节（10月26日）、猎人谷葡萄园爵士乐节（10月26日）、猎人谷葡萄园歌剧节（10月5日~10月13日）、渴望悉尼国际美食节（10月）
11月	墨尔本杯（11月的第一个周二）、阿德莱德狂欢节（11月9日~11月24日）、玛格丽特河美食节（11月22日~11月24日）

📷 适合游玩之地

春季适合游玩地资讯			
名称	所在州	地址	交通/网址
蓝山国家公园	新南威尔士州	悉尼以西约100公里处	从悉尼中央车站搭乘空调双层火车，途经Strathfield Penrith、Emu Plains等站可到达蓝山
大洋路	维多利亚州	墨尔本西部	—
猎人谷	新南威尔士州	波高尔宾（Pokolbin）	可乘从悉尼往返猎人谷的一日游巴士，在Cressnock、猎人谷酒乡旅游局游客服务中心或猎人谷花园下车
袋鼠岛	南澳大利亚州	圣文森特海湾（Gulf St. Vincent）入口处	www.tourkangarooisland.com.au
珀斯国王公园	西澳大利亚州	珀斯西部边缘	乘坐78、79、102等路公交车到国王公园站下
墨尔本植物园	维多利亚州	墨尔本市中心以南5公里	乘1、3、3a、5、6、8、16、64、67等路有轨电车在Arts Center站下
玛格丽特河	西澳大利亚州	珀斯以南280公里	www.margaretriver.com

夏季 12月至次年2月

👕 穿衣指数

白天： 平均25℃，建议穿短袖短裤等清凉夏装，还要带上泳衣、拖鞋。

夜间： 平均18℃，建议带件外套。

🌡 温度

墨尔本夏季气温			
月份	12月	1月	2月
日均最高气温	24℃	26℃	27℃
日均最低气温	14℃	16℃	16℃

🎈 节日及节庆

时间	节日及节庆
12月	圣诞节（12月25日）、节礼日（12月26日）、塔斯马尼亚美食节（12月28日至次年1月3日）
1月	新年（1月1日）、澳大利亚日（1月26日）、大日子音乐节（1月18日~1月28日）、维多利亚帆船节（1月24日~1月28日）
2月	阿德莱德艺穗节（2月14日~3月17日）、酒窖美酒节（2月14日~16日）、纽卡斯尔Surfest冲浪节（2月1日~2月24日）、珀斯国际艺术节（2月8日~3月2日）

📷 适合游玩之地

夏季适合游玩地资讯			
名称	所在州/领地	地址	交通/网址
邦迪海滩	新南威尔士州	悉尼	乘333、381、382等路公交车到Campbell Parade Opp Hall St.站
黄金海岸	昆士兰州	布里斯班以南78公里处	从悉尼中央火车站外乘大巴可抵达黄金海岸冲浪者天堂长途汽车站
大堡礁	昆士兰州	北起托雷斯海峡，南到南回归线以南	乘船或直升机从凯恩斯大堡礁船队码头及附近出发，乘船需用1~2个小时
伯利格里芬湖	首都地区	堪培拉中心	乘34路公交车可到
悉尼海港大桥	新南威尔士州	悉尼杰克逊海港	www.australia.gov.au
菲利普岛	维多利亚州	墨尔本东南约130公里	从墨尔本市内的南十字星火车站（Southern Cross Station）乘坐V/Line长途大巴可以到达岛上的小镇考斯（Cowes）
拜伦湾	新南威尔士州	北海岸北端	www.byronbay.com.au

秋季 3~5月

👕 穿衣指数

白天：平均20℃，建议穿衬衫、薄外套、薄毛衣、长袖T恤等衣服。

夜间：平均9℃，建议穿套装、风衣、休闲装、夹克衫、西装、毛衣、棉衣等保暖衣服。

🌡️ 温度

堪培拉秋季气温			
月份	3月	4月	5月
日均最高气温	24℃	20℃	15℃
日均最低气温	11℃	7℃	3℃

🎈 节日及节庆

时间	节日及节庆
3月	墨尔本美食美酒节（3月1日~3月17日）、蒙巴节（每年3月第一个周五开始）、墨尔本国际花卉园艺展（3月24日~3月28日）、Enlighten 灯光节（3月1日~3月9日）、墨尔本国际喜剧节（3月26日~4月21日）、阿德莱德世界音乐节（3月8日~3月11日）
4月	澳新军团日（4月25日）、拜伦湾蓝调节（4月17日~4月21日）、袋鼠岛海鲜节（4月27日~5月2日）
5月	澳大利亚美食节（4月26日~5月3日）、Groovin' the Moo 音乐节（4月27日~5月11日）、鲁沙国际美食美酒节（5月16日~5月19日）、达尔文草地低音音乐节（5月25日）

📷 适合游玩之地

秋季适合游玩地资讯			
名称	所在州/领地	地址	交通/网址
悉尼歌剧院	新南威尔士州	悉尼便利朗角环形码头	乘坐333、396、L94、X94路公交车，在环形码头下
阿德莱德植物园	南澳大利亚州	扎特勒斯东端	www.botanicgardens.sa.gov.au
澳大利亚国家植物园	首都地区	肯佩拉克卢尼斯罗斯（Clunies Ross St.）	anbg.gov.au
亚拉河谷	维多利亚州	距离墨尔本40公里	www.yarravalley.com
尼特米鲁克国家公园	北方领土地区（北领地）	Gorge Rd. Nitmiluk NT 0852	www.parksandwildlife.nt.gov.au/parks/find/nitmiluk#.VR5grtJmRRK

冬季
6~8月

穿衣指数

白天：平均20℃，建议穿一些长袖衬衫、薄毛衣、薄外套等衣物。

夜间：平均10℃，建议穿毛衣、风衣、轻便外套、棉外套等保暖衣服。

温度

布里斯班冬季气温			
月份	6月	7月	8月
日均最高气温	22℃	22℃	23℃
日均最低气温	12℃	10℃	11℃

节日及节庆

时间	节日及节庆
6月	激情摇滚节（5月31日~6月10日）、墨尔本国际爵士乐节（5月31日~6月9日）、活力悉尼灯光音乐节（5月24日~6月10日）、珀斯冬日艺术季（6月1日~8月31日）、悉尼电影节（6月5日~6月16日）、阿德莱德歌舞节（6月7日~6月22日）
7月	堪培拉及首都松露节（6月21日~7月28日）、澳大利亚室内音乐节（7月21日~8月3日）、大堡礁美馔节（7月12日~7月14日）、黄金海岸马拉松（7月6日~7月7日）
8月	汉密尔顿岛帆船周（8月16日~8月24日）、墨尔本国际艺术博览会（8月2日~8月5日）、鲁沙爵士音乐节（8月29日~9月1日）、朗赛斯顿街头艺术节（8月22日~8月26日）、阿德莱德SALA艺术节（8月2日~8月25日）、悉尼从城市到海滩长跑（8月11日）

适合游玩之地

冬季适合游玩地资讯			
名称	所在州/领地	地址	交通/网址
布莱顿海滩	维多利亚州	墨尔本市区南面的布莱顿区	从弗林德斯火车站驾车可达
拜伦角	新南威尔士州	拜伦湾城东北3公里	www.byron-bay.com/byron-bay
纳玛吉国家公园	首都地区	堪培拉西南部的纳玛吉山脉上	tams.act.gov.au
汉密尔顿岛	昆士兰州	大堡礁边缘上	www.hamiltonisland.com.au
圣保罗教堂	维多利亚州	墨尔本史旺斯顿街	www.stpaulscathedral.org.au

体验

7 大玩法必体验

EXPERIENCE

NO.1 造访悉尼歌剧院

悉尼歌剧院不仅是座艺术的殿堂，也是悉尼文化的象征。这座世界著名的表演艺术中心，每年都会有大约 1600 场表演，无论是充满艺术气息的现场音乐、精彩的戏剧，还是灵动的歌剧，都令人浮想联翩。悉尼歌剧院值得你花上一天的时间游览，感受其独特的故事、历史和神秘之处，晚上再看一场精彩演出，那就更棒了。

NO.2 畅游大堡礁

大堡礁是世界上最大最长的珊瑚礁群，已被列入世界自然遗产名录中，绵延 2000 多公里的珊瑚礁群，从大陆小镇道格拉斯港口一直向南延伸到班达伯格，堪称举世无双的水上奇观。在风平浪静之时，可乘游船观赏瑰丽绚烂的珊瑚美景；还可潜入海底，亲身感受大堡礁的梦幻之美。

NO.3 玩转黄金海岸

黄金海岸由 10 多个沙质松软、色黄如金的优质沙滩组成，这里气候宜人，阳光充足，还有着险急的海浪，尤其适合冲浪和滑水活动，是冲浪者的天堂。在这黄沙、绿林、碧海、蓝天构成的奇特景观中，可以悠闲地晒晒日光浴、聊聊天，邂逅一段美好的假日时光。

NO.4 自驾大洋路

蜿蜒的大洋路可谓是全球最佳的旅游观光地点之一，也是到墨尔本周边旅游最热门的一条旅游线路。在这样一条风景优美的道路上自驾旅行，游览、观赏宁静的海滩、繁茂的热带雨林、美丽的小镇，以及举世闻名的"十二使徒岩"，将享受一场视觉空前的完美盛宴。此外，在这里还可看到各种野生动物以及史上著名的金矿区等。

NO.5 结识袋鼠与考拉

在澳大利亚这片辽阔的土地上，活跃着众多活泼可爱的小动物，其中袋鼠、考拉最为著名。袋鼠是跳得最高最远的哺乳动物，在澳大利亚，无论是雨林、沙漠，还是平原都可以见到它们跳跃的身影。考拉是澳大利亚的国宝，又是澳大利亚奇特的珍贵原始树栖动物，其性情温顺，体态憨厚，呆萌的表情深受人们喜爱。

NO.6 细品美味葡萄酒

澳大利亚的葡萄酒产业世界闻名，虽然澳大利亚只是一个比较年轻的国家，但是其葡萄酿酒业已有两个世纪的历史。澳大利亚有着60多个葡萄酒产区，所产的葡萄酒品质优异、风格独特。此外，在葡萄酒产区还可领略诗情画意般的田园风光。大多数葡萄酒产区还拥有自己的节日，节日期间会提供当地的美食美酒，你可在其中感受当地独具特色的葡萄酒文化。

NO.7 探索艾尔斯岩

世界上独一无二的艾尔斯岩，傲然耸立在澳大利亚中部的广袤沙漠中，就像是一座巍然屹立的丰碑，让人产生敬畏之情。更神奇的是，艾尔斯岩的色彩会随光线和气象的不同而变幻万千。可以在向导的带领下，环绕艾尔斯岩走一圈，了解其神秘历史，还可以寻觅那些祖先留下的战争遗迹。

导读　5条线路玩转澳大利亚

沿东海岸旅行

线路1：悉尼→黄金海岸→布里斯班→凯恩斯

 过来人经验谈

 蓝咖啡·男·某公司总经理·注重旅行质量

　　我们在制订计划的时候，打算先去黄金海岸，再去凯恩斯。在黄金海岸时，感觉那里气候宜人，一家人在沙滩上晒晒阳光，很是惬意。后来我们乘飞机前往凯恩斯，实践证明大堡礁的确精彩。

 luishomecom·男·大学生·怀揣梦想，遇见生活

　　此次澳大利亚之行，我在悉尼居住了3周，走过了绝大多数地方，而且很多地方拜访了两次以上。下面我来介绍一下自己最常走的路线，感觉很适合步行游览：从悉尼大学沿着 Paramatta Rd. 前往中央车站方向，在中国银行处左转即可到达唐人街。然后沿着 Paramatta Rd. 往东走，可看到一家名为一号店铺的商店，里面有很多澳大利亚当地特产，很受澳大利亚华人和代购一族欢迎。

对于黄金海岸和布里斯班,我感觉那里都很令人舒适,适合比较悠闲地度假。布里斯班和黄金海岸都有机场,不过从悉尼等城市往返黄金海岸机场的价格要低于往返布里斯班机场的价格。

▲线路1(沿东海岸旅行)示意图

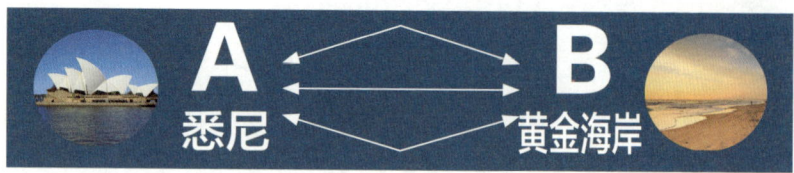

乘飞机

悉尼有直达黄金海岸的航班,黄金海岸机场设在库尔加塔。出于安全考虑,机场每天23:00至次日4:30关闭,此段时间禁止人们出入机场以及在机场过夜。从机场到达大厅出来往右走可以看到一个公交车站,在那里乘坐702路公交车可以到达黄金海岸市区,票价约6澳元。

乘汽车

从悉尼中央火车站外乘大巴可抵达黄金海岸冲浪者天堂长途汽车站,22:00发车,次日13:00点到达,全程行驶约15小时。

> **游玩特色**
>
> 在悉尼,可前往悉尼的地标性建筑——悉尼歌剧院和海港大桥,或探访繁华和多姿多彩的达令港,或到世界上最大最壮观的水族馆之一——悉尼水族馆看看游动的大鲨鱼,进入岩石区探索悠久的历史。此外,还可步行前往悉尼最热闹的邦迪海滩,晚上还可到悉尼歌剧院看场戏剧演出,在每年的5~6月还可参与精彩的活力悉尼灯光音乐节。
>
> 到了黄金海岸,主要的活动便是在冲浪者天堂海滩、库尔加塔海滩等海滩进行晒日光浴、冲浪等活动,还可到家庭主题乐园梦幻世界去参加迪士尼式的游乐项目和惊险刺激的游乐项目,或者到华纳兄弟电影世界玩转各种游乐设施,观看各种令人惊叹的精彩表演。

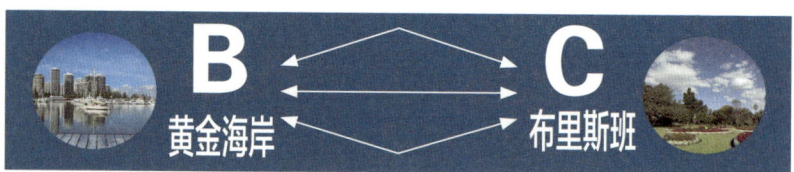

乘汽车转火车

从黄金海岸机场前往布里斯班,可从黄金海岸机场出来乘坐汽车到罗宾娜(Ronina)火车站,从各个站点乘坐城市铁路Airtrain(07-32155000,www.airtrain.com.au)前往布里斯班。火车站早上5:00开始发车,每半个小时就有一趟车发出,需要一个小时到达布里斯班机场(Brisbane Airport)。

乘轻轨转火车

乘坐轻轨在Broadbeach South station下,然后转乘745路公交车到奈蕴站(Nerang station)下车,步行前往奈蕴火车站,然后乘火车前往布里斯班机场(Brisbane Airport)。

游玩特色

布里斯班市内有旖旎多姿的布里斯班河穿过,划艇或乘坐当地特有的木制明轮蒸汽船游览是不错的选择。如果想挑战自己的胆量,可爬上横贯河面的故事桥桥顶,观赏整座城市的美景。濒临河滨的南岸花园,是人们露天野餐的绝佳去处;沿着原住民艺术路径穿越库萨山保护区,可以观赏本土野生动物和饱览城市全景;漫步于布里斯班植物园中,可以感受难得的幽静;到达龙柏考拉保护区,可以一睹考拉、袋鼠、袋熊等澳大利亚特有动物的真容。

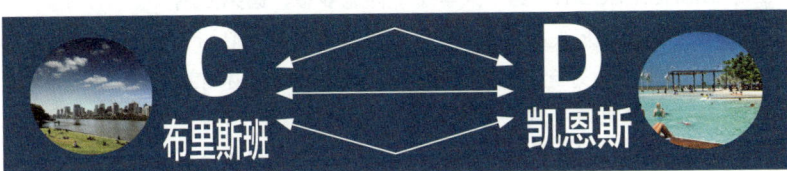

乘飞机

从布里斯班到凯恩斯乘飞机非常方便,布里斯班机场有航班频繁前往凯恩斯,约需 2.5 小时。

乘火车

从布里斯班火车站可乘 The Sunlander 号或 The Queenslander 号火车到达凯恩斯站,凯恩斯火车站距海滨广场步行约需 10 分钟。此外,布里斯班还设有旅游列车,其中有"昆士兰人号"(The Queenslander) 列车,运行路线为"布里斯班—普罗瑟派恩(Proserpine)—凯恩斯",还有"风情号"(Spirit of Tropics) 列车,来往于"布里斯班—凯恩斯"。

游玩特色

来到凯恩斯,美丽梦幻的大堡礁是自然不能错过的,乘坐库兰达观景火车到库兰达,途经风光秀美的热带雨林和国家公园,还可看到壮观的巴伦河瀑布大桥。此外,还可花上两小时的车程,到达古老的戴恩树雨林(Daintree Rainforest),在这里观赏种类繁多的动植物。

管家提示

澳大利亚的阳光十分猛烈,在海滩上晒太阳时,一定要穿衬衫、戴好帽子和太阳镜,并涂 SPF30 以上的防晒霜。如果长时间待在户外,需要多次涂抹防晒霜,即使是阴天也要这样。在丛林中徒步时,要考虑步行的距离、难易程度,如果是长途或走具有挑战性的步行路段,尽量找个向导。在徒步时,要穿防护鞋、涂防晒霜、使用驱虫剂,并携带好雨具、地形图和充足的水。此外,在徒步时要注意安全标志,不要越过安全障碍,也不要喂食当地动物,以免遭到袭击。

在澳大利亚南部旅行

线路2：阿德莱德→墨尔本→堪培拉

过来人经验谈

 luishomecom · 男 · 大学生 · 怀揣梦想，遇见生活

我从悉尼乘飞机抵达墨尔本，然后乘机场巴士到达市区已是下午5:00，不过墨尔本夏季要到晚上9:30左右才天黑，所以我还有时间游玩，我去了联邦广场、弗林德斯车站、维多利亚州艺术馆等景点游玩。第二天我参加了大洋路一日游旅行团。第三天又在墨尔本市内轻松地游玩了一下。

在墨尔本游览时，我随身携带的物品有墨尔本城市地图（包含了墨尔本城市几乎所有的景点）以及墨尔本市区免费电车图。乘坐墨尔本市区的免费电车去各个景点都很方便。

▲线路2（在澳大利亚南部旅行）示意图

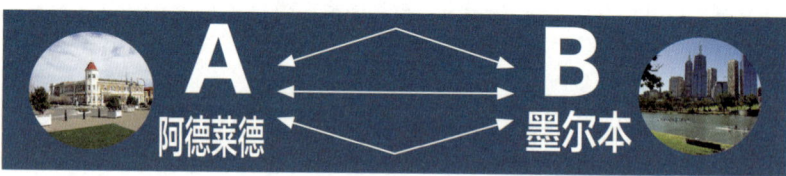

乘飞机

从阿德莱德前往墨尔本可乘坐飞机，通常只需要2个小时即可到达墨尔本机场。墨尔本国际机场，也被称为图拉曼里机场（Tullamarine Airport），是墨尔本唯一的国际机场。机场内设有4个航站楼，所有的国际航班均由第二航站楼出发或到达。

游玩特色

　　来到阿德莱德，一定不要错过拥有各种食材的中央市场。还可前往澳大利亚国家葡萄酒中心，了解各种有关葡萄酒制作的知识。承载着南澳大利亚历史的北大街也很有趣味性，这里聚集着州立艺术馆、博物馆、州总督府等文化历史建筑，道路两侧还分布着众多战争纪念馆、教堂和雕像。此外，还可到距离市区10公里的格雷尔海滩游玩。

　　在墨尔本，可以在玫瑰街（Rose Street）或布朗斯威克街淘宝，还可到伯克街的酒吧狂欢，到维多利亚女王市场挑选各种海鲜，到维多利亚国家艺术馆欣赏南半球最好的国际艺术藏品。此外，亦可乘车前往附近的菲利普岛游玩。

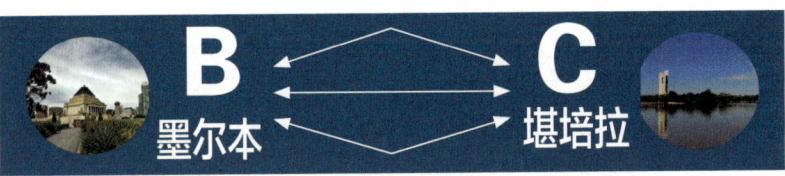

―― 乘飞机 ――

　　乘坐飞机从墨尔本到堪培拉比较方便，从墨尔本前往堪培拉国际机场的航班有很多，约需1个小时。

―― 乘火车 ――

　　堪培拉火车站（Canberra Railway Station）位于京斯顿（Kingston），有往返于堪培拉和墨尔本的列车。

―― 乘汽车 ――

　　堪培拉长途巴士站每天都有快速旅游巴士往返于堪培拉与墨尔本、悉尼之间，从堪培拉到墨尔本大约需要9.5小时。

游玩特色

　　在首都堪培拉，美丽的格里芬湖和著名的议会大厦不可错过；澳大利亚国立艺术馆是欣赏艺术的好去处。此外，堪培拉自然公园或堪培拉西南部纳玛吉山脉附近的纳玛吉国家公园是攀岩、徒步和骑马的好去处。

管家提示

　　纳玛吉国家公园内有多条驾车路线可供游客选择，沿着Two Sticks Road越过布瑞德贝拉山脉到达克里山，在山顶上可领略壮观美景；公园北端的道路适合驾驭四驱越野车旅行，可以驾车前往科里姆大坝；如果驾驶的是房车，可前往Honeysuckle Tracking Station遗址附近的露营地扎营。

在西澳大利亚旅行

线路3：珀斯→芒基米亚→宁格鲁礁→布鲁姆

 过来人经验谈

Fashion 紫陌 · 女 · 时尚编辑 · 喜爱摄影

听"驴友"讲，珀斯附近的罗特内斯特岛（Rootnest Island）很美，于是在珀斯登上渡轮，前往罗特内斯特岛，在路上顺便游览了天鹅河。

剪不断的山水情 · 女 · 摄影师 · 热爱生活，视角独特

在布鲁姆，我先从唐人街开始游览，前往珍珠展厅了解了一下当地的采珠史，然后游览珍珠博物馆和珍珠养殖场。日落时分在海滩上欣赏了美丽的日落景观，晚上在海滩附近的咖啡馆就餐。

▲线路3（在西澳大利亚旅行）示意图

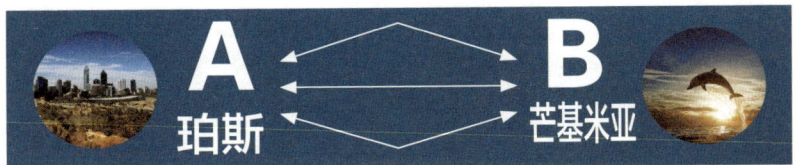

自驾

从珀斯的 William St./State Route 53 向南行驶，到 Gledden Arcade，然后沿国道 National Route 1 开往哈美林池海（Hamelin Pool）的 Denham-Hamelin Rd. 或者鲨鱼弯路（Shark Bay Rd.），继续前行，开往 Monkey Mia Rd.。

游玩特色

珀斯坐落于美丽的天鹅河畔，荡舟于天鹅河上观赏周围公园及大楼美景是不错的体验。从市区走不远即可到达美丽的国王公园，可以在丛林自然小径上漫步，感受大自然。珀斯周边有众多海滩，日落海岸有着迷人的海岸线。夏季是欣赏天鹅谷美景的最佳时节。

芒基米亚的海岸上每天都会活跃着众多野生海豚，在这里可以和它们来个亲密邂逅。这些海豚每天出现的时间和频率都不固定，其中早晨出现得最为频繁。还可以到海豚信息中心，更加深入地了解海豚的生物习性和行为特点。在海滩外，还会发现种类丰富的其他动物和鸟类。

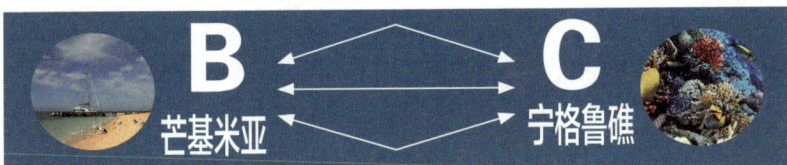

自驾

走 Denham-Hamelin Rd./ 鲨鱼湾路（Shark Bay Rd.）驶入哈美林池海（Hamelin Pool）的 National Route 1，继续沿 Minilya-Exmouth Rd.（Exmouth 的路标）行驶，向左进入 Ningaloo，继续前行上 Yardie Creek Rd. 可到。

游玩特色

宁格鲁礁是世界上最大的岸礁之一，除了 300 多种大型的珊瑚礁外，还有众多令人惊叹的海洋动物，其中包括约 500 种鱼类，以及大量的蝠鲼和海龟。4～6 月间在这里能看到体形庞大的鲸鲨，6～11 月间，这里还会出现迁徙途中经过此地的座头鲸。此外，从宁格鲁礁可便捷地前往珊瑚湾（Coral Bay）或埃克斯茅斯（Exmouth）。

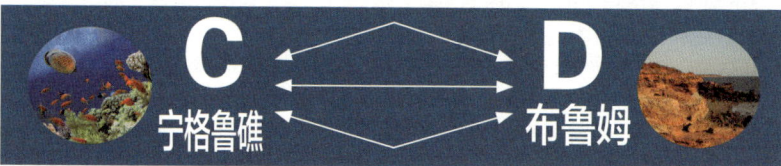

―― 自驾 ――

　　从宁格鲁礁的 46 Robinson Street 向东行驶，到 Banksia Dr. 继续前行到达 Coral Bay Rd.，沿 Minilya-Exmouth Rd. 和 Burkett Rd. 前行进入 National Route 1，继续前行驶入 Roebuck 的 Broome Rd.。

游玩特色

　　布鲁姆有著名的凯布尔海滩和自然奇观登月银梯（Staircase to the Moon），还有充满了多民族大熔炉魅力的唐人街。在距布鲁姆市区不远处，还有甘芬角（Gantheaume Point），在那里可看到距今已有 1.3 亿年历史的恐龙脚印。此外，在每年 9 月至次年 4 月间，还可从布鲁姆鸟类观察站（Broome Bird Observatory）观赏到数以万计的候鸟。

管家提示

　　建议在珊瑚湾和埃克斯茅斯参加观鲸旅行团，1 月底到 2 月还可进行观赏海龟造巢、孵蛋之旅。还可乘坐四驱车前往凯普山脉国家公园，探索公园内部崎岖的红色峡谷，返回时，不要忘了到弗拉明戈岬角的灯塔上欣赏宁格鲁的落日美景。

到北领地探秘

线路 4：爱丽丝泉→凯瑟琳→达尔文

行走路途间·男·某公司职员·痴迷旅行

　　爱丽丝泉处于炎热的沙漠地区，有很多的画廊。这里让人感触最深的就是触目所及的红土地，很是壮观。我们一行人预订了爱丽丝泉的青年旅舍，环境很不错，让我们感到惊喜的是，晚上小院里还播放电影。

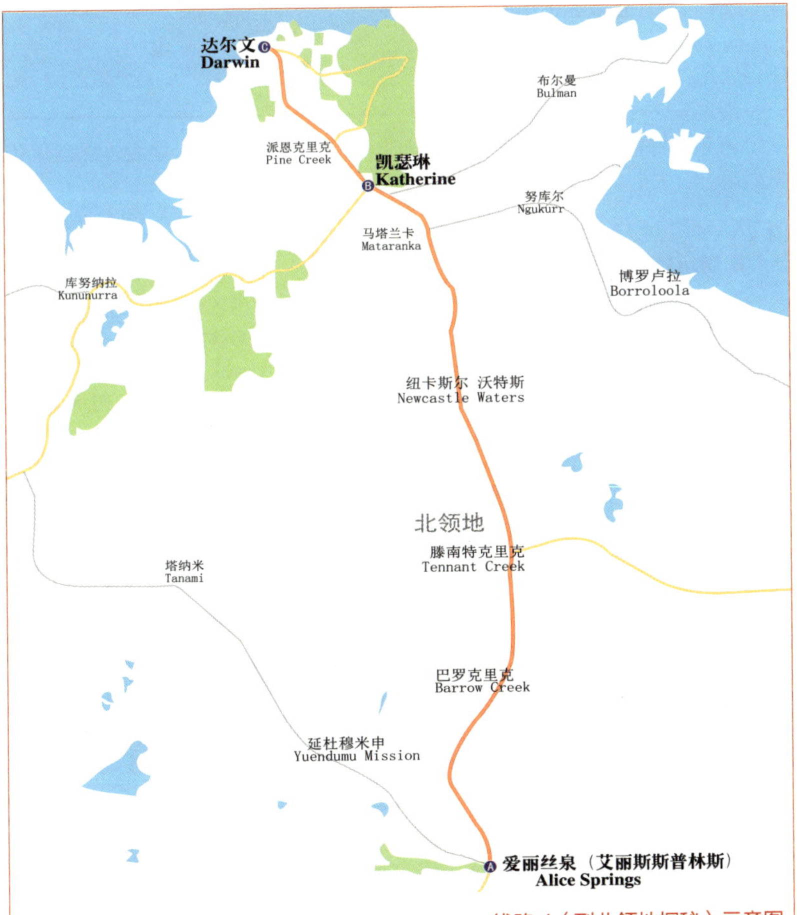

▲ 线路 4（到北领地探秘）示意图

导读

5 条线路玩转澳大利亚

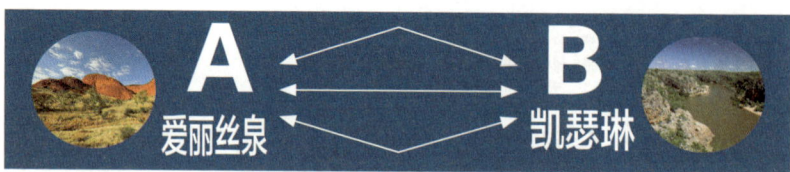

自驾

沿 Gregory Terrace 向东南从环岛 1 出口上 Hartley St.，经过 1 个环岛向左转，进入 Wills Terrace，然后向右转驶入 National Highway 87，继续前行上 1 号国家高速公路（National Highway 1）向右转，进入凯瑟琳 Giles St.。

乘火车

著名的甘号火车运行从阿德莱德到达尔文的旅行线路，途经爱丽丝泉和凯瑟琳。

游玩特色

爱丽丝泉周围覆盖着几百公里的红色沙海，在这里不仅可以观看骆驼竞赛、了解原住民艺术，还可以参加一系列探险活动，如参加乌卢鲁－卡塔楚塔黎明之旅、于极具挑战性的塔纳米路径（Tanami Track）上驾车等。此外，还可前往著名的西麦克唐奈国家公园，选择徒步穿越奥米斯顿峡谷和水潭，或探索格兰海伦峡谷。

凯瑟琳是北领地第三大城镇，在这里可以感受历史、参观遗迹。凯瑟琳最具看点的地方是其周边的凯瑟琳峡谷，那里有着雄奇壮美的景致。如果游览完凯瑟琳峡谷后还感觉意犹未尽的话，可前往帝王谷（Kings Canyon）和瓦塔卡国家公园（Watarrka National Park) 游玩。

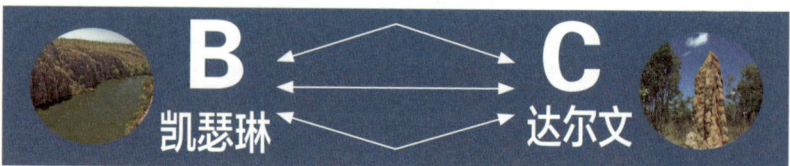

自驾

从凯瑟琳的 Giles St. 向西南行驶，在第 1 个交叉路口向右转进入 1 号国家高速公路，靠右继续沿 Tiger Brennan Dr. 行驶前往达尔文 Knuckey St.。

游玩特色

在达尔文,去北领地博物馆观赏珍贵的土著艺术展品,从中了解达尔文丰富的原住民遗存。到鳄鱼湾乐园,亲眼看看数百条鳄鱼争抢的惊险场面。然后驾车沿大自然之路前往利奇菲尔德国家公园(Litchfield National Park)。当然,也不要错过著名的卡卡杜国家公园。

管家提示

达尔文、凯瑟琳、卡卡杜等北领地地区属热带气候,有"雨季"和"旱季"两个截然不同的季节,其中雨季从11月延续到次年4月,这期间常常有季风性降雨和风暴,因此在出发前要了解相关的天气状况。爱丽斯泉和乌卢鲁 – 卡塔楚塔地区,属于半干旱气候,四季交替明显,温差较大,夏季可能会出现白天温度高达40℃,而到了夜间温度可能骤降到零度以下的状况,此时出行一定要带齐应对极端气温的装备。

探访塔斯马尼亚

线路5:霍巴特→摇篮山→朗塞斯顿

过来人经验谈

逐梦者·男·自由职业者·渴望周游世界

在塔斯马尼亚岛上自驾,最让我大开眼界的地方便是摇篮山。美丽的圣克莱尔湖国家公园有着与澳大利亚大陆截然不同的植物,在这里我们感受到了前所未有的宁静。我们还环绕鸽子湖步行,沿途可经过瀑布和 King Billy 松树林。

▲ 线路5（探访塔斯马尼亚）示意图

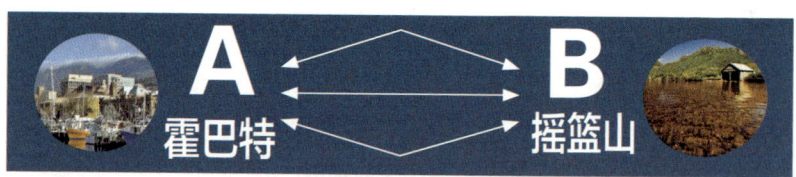

A 霍巴特 ⇄ B 摇篮山

―― 自驾 ――

沿霍巴特的Bathurst St.向东行驶，到Murray St.向左转，进入1号国家高速公路，从环岛的3出口驶出，继续沿1号国家高速公路前行，然后稍向左转朝Lyell Hwy（A10）前行，然后沿着此路从环岛的3出口上Blair St./Hamilton Rd./Lyell Hwy（A10），向右转，进入Lake St. Clair Rd.即到。

游玩特色

　　霍巴特是澳大利亚第二古老的城市,拥有丰富的殖民地遗址和秀丽的自然美景。市区有热闹的萨拉曼卡市场,还有著名的古今艺术博物馆(Museum of Old and New Art)。市郊则有可俯瞰霍巴特市景的惠灵顿山。市区周边有历史悠久的美丽小镇里奇蒙(Richmond)以及可品尝葡萄酒的 Coal Valley 酒庄。

　　摇篮山拥有沁人心脾的美景,你可探访如同镜般的鸽子湖(Dove Lake),绕湖徒步,可经过瀑布和树林,景色很美,也可在护坡上钓鱼,或在湖边野餐。

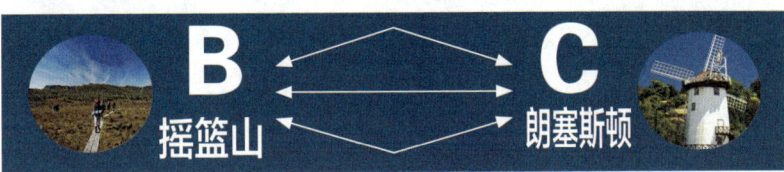

―― **自驾** ――

　　途经 1 号国家高速公路,总路程约需 2 小时。

游玩特色

　　在朗塞斯顿,可以逛逛维多利亚女王博物馆和美术馆,了解塔斯马尼亚岛原住民和塔斯马尼亚的各种动物类型;还可游览城市公园的迷人风景,感受城市魅力;还可以进行从朗塞斯顿出发的塔马谷美酒之旅(Tamar Valley Wine Route)。

管家提示

　　在塔斯马尼亚进行自驾游时,要切记在离开主干道长途驾驶时(尤其是在晚上),一定要给油箱加满油。在一些线路图中,塔斯马尼亚境内的很多路线都标有 A～C 的字母,其中 A 主要为柏油公路,B 为二级柏油路,C 为非柏油路面。在出发之前,应根据驾驶距离和驾驶时间,提前规划出充裕的时间。此外,要注意,塔斯马尼亚一些未开垦的丛林地带有着丰富的野生动植物资源,要时刻注意那里随时可能出现的动物,尽量避免在入夜后和清晨时驾车出行。

Part 1
去澳大利亚要做的 9 件事

NO.1 如何办理护照与签证

 过来人经验谈

 luishomecom · 男 · 大学生 · 怀揣梦想，遇见生活

如果是亲自去签证中心递交签证材料，建议提前在网站上预约递交时间，然后打印预约单，并在约定时间之前30分钟抵达签证中心，这样可以避免在签证办理旺季时在现场长时间排队。我当时是在预约后提前一个小时到达签证中心，在出示预约单之后，门口的小哥就让我提前直接办理了，没有排队，很是方便。

在办理各项签证资料的时候，尽量提供英文资料，这样可以免去翻译的麻烦，还可以节省签证中心较高的有偿翻译费用。此外，建议提前为每一份证明材料准备一份复印件，很多材料你只需提供复印件就可以了，这样可以保留原件以备以后使用。

 行走路途间 · 男 · 某公司职员 · 痴迷旅行

说到办签证当然要先有护照了，我是利用国庆节假期办理的护照。听朋友说到公安局照照片花钱比较多，我便我了个照相馆照了护照照片，6块钱就搞定了。准备好相关资料后，便去了公安局着手办理护照。让我感到失望的是，办理护照的人好多，还好我了个熟人，不然办个护照可真不是件容易事。15天之后拿到了护照。

 剪不断的山水情 · 女 · 摄影师 · 热爱生活，视角独特

关于签证，我在淘宝上找了一家代办机构，花了999元，价格还算合适。我向代办机构提供了很多我能想到的资料：比如中英文在职证明、资产冻结证明、近3个月银行流水单、户口本及护照复印件,还有结婚证复印件、房产和车辆的证明等。让我惊喜的是,在把资料快递给代办人后,5天就出签了,让我很是激动。

 蓝咖啡·男·某公司总经理·注重旅行质量

我是我携程网代办的签证,感觉需要的资料真是不少,尤其是还要资产证明。其实之前出国旅行都是自己办理签证的,包括上次到德国办申根签证,都是自己准备资料,但是工作忙了以后就我代办了。他们办事效率还是蛮高,本来说是需要21个工作日,结果一周就出签了。

★ 熟知护照办理流程

准备材料
- 居民身份证原件及复印件
- 户口簿原件及复印件
- 2张免冠彩色照片
- 填写完整的中国公民因私出国(境)申请表

前往办理地点

当地人:前往户口所在地的公安局(市/县)的出入境管理处办理

外地人:若在可就近办理护照的43个城市居住或工作,携带本人有效身份证或户口簿在当地办理(需就业地一年以上缴纳社保证明),其他城市需回户口所在地办理

缴费:200元

办理时限:申请受理后,审批、制作和签发护照的时间为10~15个工作日

领取护照

- **本人领取**:出示本人身份证、户口本等相关证件
- **他人代领**:除了本人领取所需证件,还需出示申请人与护照领取人共同签署的委托书及护照领取人的身份证等证件
- **快递**:在中国公民因私出国(境)申请表上填写邮寄地址,办理手续并缴纳快递费

★ 自己怎样办签证

办理签证

非澳大利亚籍或非新西兰籍的游客，必须持有澳大利亚签证才能进入澳大利亚。首次申请赴澳大利亚旅行签证类别是访客签证（600类别），适用于计划前往澳大利亚参加非工作类活动的人员。持有访客签证的游客可以一次或多次出入澳大利亚，每次停留不超过3个月、6个月或12个月。你可在澳大利亚在中国的签证申请中心网站 www.australiavisachina.com 上了解相关信息。

澳大利亚签证申请中心			
名称	地址	邮箱	领区
北京澳大利亚签证中心	北京市东城区东直门外大街48号，东方银座21层D、E、F、G、H、I室	info.aupek@vfshelpline.com	北京、黑龙江、吉林、辽宁、天津、山东、河北、内蒙古、山西和河南
上海澳大利亚签证中心	上海市黄浦区四川中路213号久事商务大厦2层	info.ausha@vfshelpline.com	上海、江苏、浙江和安徽
广州澳大利亚签证中心	广州市天河区珠江新城金穗路3号汇美大厦29楼02单元	info.aucan@vfshelpline.com	广东、福建、湖南、广西、云南、贵州、海南、甘肃、江西、湖北、四川、重庆、陕西、宁夏、青海、新疆和西藏
电话：020-29106150；开放时间：递交签证申请，周一至周五7:30～15:00，咨询和护照领取，周一至周五7:30～17:00			

自己去办签证流程

第一步：选择并下载相应的签证申请表格
1. 1419号表格（访客签证申请表）可从澳大利亚驻华大使馆网站下载，也可从澳大利亚签证申请中心索取
2. 填写内用英文，可以找人代填，但是签名必须是自己签
3. 申请表上所有的基础信息都必须准确、真实，并且与护照上的一致
4. 在申请表中提供自己的电子邮件地址，以便于申请处与你取得联系

第二步：准备支持性文件
1. 个人材料
2. 资金材料
3. 工作证明和在读证明
4. 其他材料

第三步：递交签证申请
亲自递交：可在就近的签证中心递交申请，需提前预约

邮寄或快递递交：无须预约，保证邮寄签证申请表、辅助证明材料和护照原件的信封不要有破损，否则申请会被拒签

第四步：支付签证申请费和服务费
- 费用 → 签证费：740元
  服务费：包括180元基本费用和50元回邮快递费
- 递交方式 → 去澳大利亚签证申请中心亲自申请
  以邮寄或快递方式递交

第五步：等待结果
办理签证所需的时间：5~10个工作日

如果因为条件不好或准备不充分而被拒签了的话，可以找签证公司帮忙。另外，如有特殊需要，也可以申请澳大利亚签证加急预约

tips

1 签证所需准备的材料

个人材料	1419号表格、本人有效护照及旧护照原件和2份最新护照的个人材料页复印件（1份为彩色复印件）、户口本及身份证的彩色复印件1份
资金材料	证明申请人存款历史和工资收入的银行存折复印件、近期银行账户交易明细或工资单复印件，其他有关资金、财产的证明材料，可以的话，还可提供退休工资卡复印件
工作证明和在读证明	工作证明：提供自己工作单位的准假信，信上要注明职位月薪、在职时间以及公司的准假证明，还要写上公司签发准假信的人员的姓名和联系方式。如果你是私营业主，只要提供营业执照的复印件即可 在读证明：学生提供在读证明就可以了
其他材料	如申请人未满18周岁，或申请人赴澳探亲访友，或参团赴澳旅游，还需补充其他材料

2 递交申请须知

随申请材料还需提供：澳大利亚驻华使领馆签证处提供的正确签证费的汇款收据；正确服务费和快递费的汇款收据。在邮寄签证时，邮寄信封内需单独另附纸注明：签证申请份数、申请人姓名、申请人中文回邮地址（中国大陆境内）、申请人联系电话。

★ 找机构代办省时省心

办理澳大利亚签证，可以找澳大利亚签证中介机构、旅行社等合法机构，登录他们的官网搜索，就可以找到相关信息。找机构代办签证，代办机构不仅能提供有针对性的材料清单，还能进行面签辅导和签证技巧培训，大大提高通过率。需要注意的是，找机构代办并不能免去面签的步骤，面签时，当事人都要到场。

代办机构推荐	
名称	网址
中国国旅	www.cits.cn
携程网	www.ctrip.com
同程旅游网	www.ly.com
中青旅遨游网	www.aoyou.com
凯撒旅游网	bj.caissa.com.cn

★ 轻松化解签证难题

未满 18 周岁办理签证

如果想带 18 周岁以下的孩子去澳大利亚旅行，或者孩子想要单独到澳大利亚自由行的话，还有一些事项需要注意。

父母应该做什么

未满 18 周岁的申请人，须由父母或监护人签署申请表格。未满 18 周岁的申请人在准备签证材料时还需补充证明孩子和其父母关系的材料，包括孩子的出生证明复印件（上面应有孩子和父母双方的姓名），父母的结婚证复印件。如果所提供的证明文件信息不完整或不一致，可能会被要求提供其他官方文件。

孩子单独出行

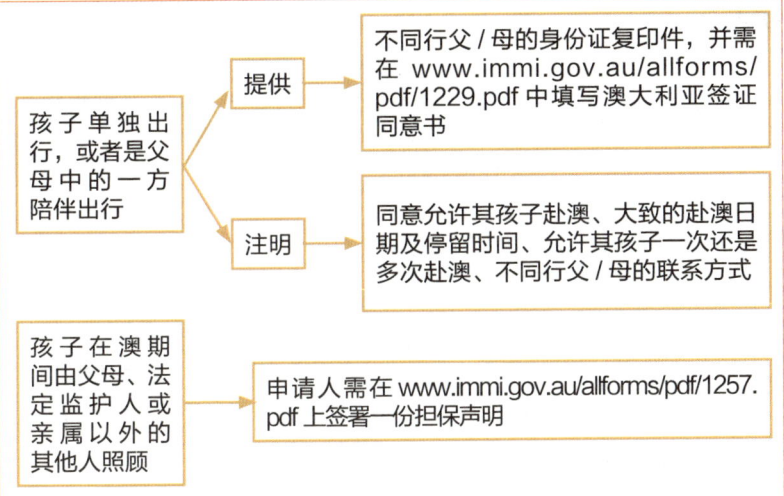

孩子单独出行，或者是父母中的一方陪伴出行	提供	不同行父/母的身份证复印件，并需在 www.immi.gov.au/allforms/pdf/1229.pdf 中填写澳大利亚签证同意书
	注明	同意允许其孩子赴澳、大致的赴澳日期及停留时间、允许其孩子一次还是多次赴澳、不同行父/母的联系方式
孩子在澳期间由父母、法定监护人或亲属以外的其他人照顾		申请人需在 www.immi.gov.au/allforms/pdf/1257.pdf 上签署一份担保声明

管家提示

在递交签证申请时，申请人应认真填写并签署相应的申请表，并支付相应的签证申请费和服务费。为避免出现签证延误的情况，在递交申请时需提供所有相关的信息及附加材料。如果在递交申请时没有提交所有指定的文件，那么你有可能被拒签。

NO.2 去澳大利亚怎样订机票

过来人经验谈

Fashion 紫陌 · 女 · 时尚编辑 · 喜爱摄影

一直对澳洲魂牵梦绕，但是由于繁杂的工作，澳洲旅行迟迟没有兑现。终于在去年4月赶在亚航促销时，以3800元的价格买下了半年后上海往返悉尼的机票，其中包括去程20千克的行李托运，回程25千克的行李托运。

行走路途间 · 男 · 某公司职员 · 痴迷旅行

由于我们做的计划比较晚，拿到签证后，才开始购买国际机票，这时便宜的机票已经少得可怜了，于是我们想尽办法，去寻找比较便宜的机票。最终经过多重考虑，选择了南航从广州直飞墨尔本的飞机，为了避免麻烦，也没有选择转机，最后我们只好花了6248元购买了往返机票。

逐梦者 · 男 · 自由职业者 · 渴望周游世界

购买澳大利亚境内机票，进行网上支付时，我选择使用澳元支付，这要比用美元支付划算些。

luishomecom · 男 · 大学生 · 怀揣梦想，遇见生活

机票的预订途径主要有航空公司官网、机票代理商（包含携程、去哪儿网）等。通常机票代理商的价格要比官网价格低一些，不过官网搞活动时其价格是低于代理商价格的，一旦遇到航空公司官网有特别优惠活动，而且时间符合你的旅行计划,一定要及时预订。亚洲航空或新加坡酷航在促销时机票很是抢手。

在航空公司官网没有优惠活动时,一般采用机票搜索网站。如果可以"越狱"的话,建议使用谷歌提供的机票搜索引擎 Google Flight,可帮助你有效率地搜索到不同的航班组合,机票价格较实惠。如果不能"越狱",则可采用去哪儿网,去哪儿网比起携程,通常会有更低的票价组合。在预订机票时,一定要注意相关的条款,特别是行李和退改签条件,因为出境游一般购物比较多,如果行李超重被罚款可就得不偿失了。此外,在境外旅行要做好应对突发情况的准备,因此选择退改签费用相对较低的机票比较稳妥。

★ 常用的机票预订网

国内常用的可以预订国际航班的机票网一般为去哪儿、携程、天巡等,出行前善于利用这些资源,便可以预订到比较满意的机票。

常用的机票预订网推荐		
名称	网址	特色
去哪儿	www.qunar.com	信息全面,常有特价机票
携程网	flights.ctrip.com	有各类国内外低价机票
一起飞	jps.yiqifei.com	有一年内各国航空公司的航班,价格便宜,可在不付款的情况下出飞机票订单
天巡网	www.tianxun.cn	可比较一月之内或一年之内任何航班线路的机票价格,比较从出发地至世界所有国家、选定国家所有城市的机票价格,辅助用户选择价格最优的目的地,还可查询多数航空公司的实时票价信息
艺龙网	flight.elong.com	提供国内机票查询预订服务,可在该网站上了解特价机票、打折机票、航班等信息

★ 提供直飞澳大利亚航班的航空公司

从我国飞往澳大利亚的航空公司有很多,你可从各大航空公司或你所在地的澳大利亚专家(Aussie Specialist)旅行代理商那里了解相应的乘坐信息。从我国直达澳大利亚的航空公司有中国国际航空(CA)、中国东方航空(MU)、中国南方航空、澳洲航空(Qantas)等。

中国飞澳大利亚的航空公司推荐		
名称	航线	网址
中国国际航空	北京、上海—悉尼、墨尔本	www.airchina.com.cn
中国东方航空	上海—悉尼、凯恩斯、墨尔本、布里斯班、珀斯	www.ceair.com
中国南方航空	广州—悉尼、凯恩斯、墨尔本、布里斯班	www.csair.com
国泰航空	香港—悉尼、凯恩斯、墨尔本、布里斯班、珀斯、阿德莱德	www.cathaypacific.com
澳洲航空	香港—墨尔本、布里斯班、珀斯	www.qantas.com.au
四川航空	成都—墨尔本	www.scal.com.cn
捷星航空	北京—墨尔本	www.jetstar.com

★ 购买廉价机票小策略

购买机票,一般提前半个月到一个半月可以买到比较优惠的机票。可登录各主要航空公司的网站查询,也可通过实用的廉价航空比价网,搜索便宜的机票。

实用的廉价航空比价网推荐		
名称	网址	特色
全球低价航空公司	www.attitudetravel.com/lowcostairlines	确定想去的区域、国家,即可找到所有飞往该国的低价航空公司,再点相应的航空公司,即可得知各家的航线和特惠
最后一刻(Lastminute)	www.lastminute.com	紧急寻找廉价机票比价网
紧急寻找廉价机票比价网	www.cheapflights.com	美洲及欧洲廉价航空机票比价
Whichbudget	www.whichbudget.com	提供许多廉价航空信息
Priceline	www.priceline.com	可组合两个不同航空公司的航班,买到比正常价格便宜的转机机票;另一大特色是可通过竞价方式拍到最便宜的机票或宾馆
Kayak	www.kayak.com	信息量较大的搜索网站,不卖机票,帮助对比所有卖机票网站和航空公司网站的价格,能搜出便宜的机票,廉价航空公司的除外
Vayama	www.vayama.ie	专门售卖国际机票的网站,可以在网站上买到最高60%折扣的国际机票
Airfare	www.airfare.com	常提供折扣可达70%的机票,经常售卖很便宜的国际机票

★ 机票预订不可忽略的事

1. 了解机票预订最佳时机

通常12月至次年3月的机票最贵，4～5月其次，10～12月再次。最好提前预订机票，并且多比较几家航空公司和机票订购网站。如果时间允许的话，可以考虑转机，转机比直飞便宜。要注意若是转机的话一定要事先留出2个小时以上的转机时间，以免误机。

2. 订票手续费

注意在用非澳元信用卡进行网上支付时，通常会被要求支付额外的手续费，想要省钱则可在中行或者是平安银行办张澳币的信用卡；网上订票会收取手续费，最低廉的机票不能退票，修改机票也需另付钱，在订票时要注意这些。

3. 第一次前往澳大利亚

如果你是第一次前往澳大利亚，建议乘坐直达目的地的航班，如果没有直达航班，建议选择在澳大利亚以外的国家转机直达目的地，这样在办理入境手续时可免去搬行李的麻烦。

4. 注意行李问题

买好票之后，要注意向自己购买机票的航空公司咨询携带行李的件数、重量和行李的尺寸。一般来说，行李限带1～2件，每件不得超过23千克，行李的尺寸不超过158厘米。随身行李不能携带打火机、指甲刀、液体饮料等，如果行李中包括这些物品可选择托运，否则查出后会被销毁。在托运行李的时候，可以在柜台询问是否需要上锁。

★ 图解澳大利亚机票预订流程

国内网站订票

在国内航空公司的中文官方网站上订票并不难，下面就以中国国际航空公司官网为例，详解预订流程。

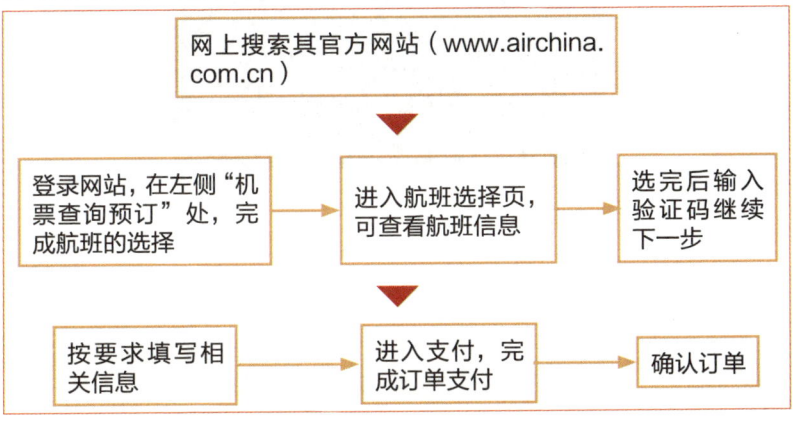

国外网站订票

国外有很多网站都能够提供特价机票，网站运营体系非常成熟，操作起来也比较方便。不过为了安全起见，建议在正规的廉价航空公司订票。

AIRLINE TICKET
AIRLINE TICKET
Backspace
Shift

外国网站常用订票界面：

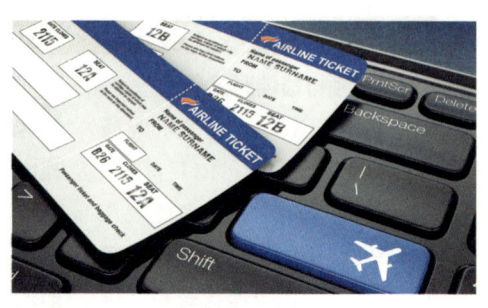

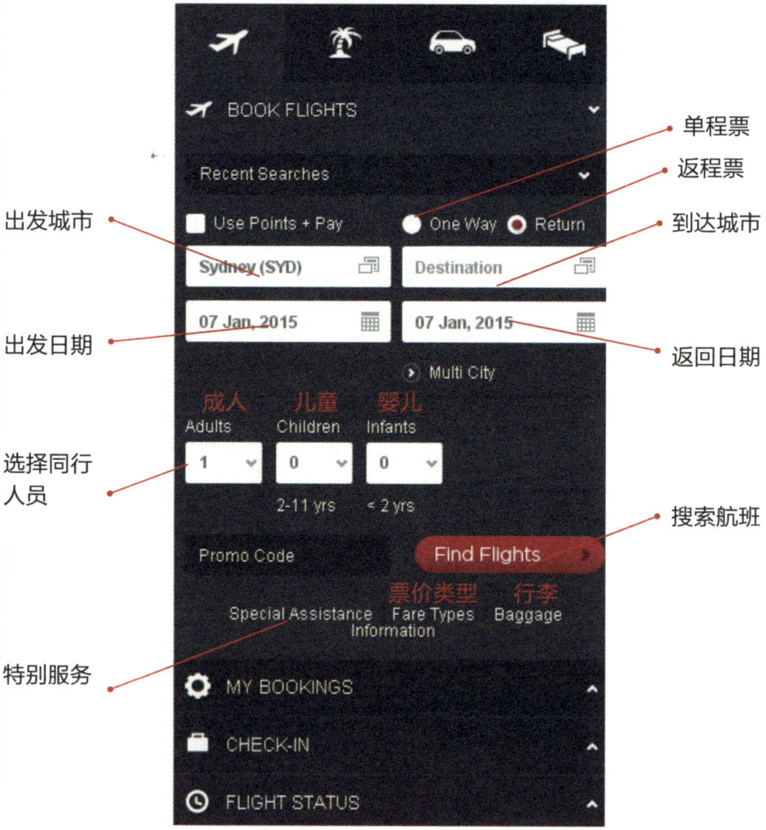
BOOK FLIGHTS
Recent Searches
Use Points + Pay
One Way
Return
Sydney (SYD)
Destination
07 Jan, 2015
07 Jan, 2015
Multi City
成人
Adults
儿童
Children
婴儿
Infants
1
0
0
2-11 yrs
< 2 yrs
Promo Code
Find Flights
票价类型
行李
Special Assistance
Fare Types
Information
Baggage
MY BOOKINGS
CHECK-IN
FLIGHT STATUS
单程票
返程票
出发城市
到达城市
出发日期
返回日期
选择同行人员
搜索航班
特别服务

▲英文网站常见的航班选择页

管家提示

尽量在入境前买好澳大利亚境内的飞机票；转机会比直飞便宜些，不过花费时间多一些。如果需要转机，至少要留出 4 个小时的时间。

NO.3 怎样解决在澳大利亚的住宿

过来人经验谈

 剪不断的山水情·女·摄影师·热爱生活，视角独特

习惯在 Booking 上预订住宿地了，即使后来感觉 Booking 网站上提供的住宿场所价格不是最实惠的，但是还是感觉可以信赖，所以接连预订下了悉尼的悉尼旅客之家酒店和黄金海岸的冲浪者天堂酒店，住起来还蛮舒服的。

 蓝咖啡·男·某公司总经理·注重旅行质量

预订住宿的时候一定要注意一点，不要因贪图小便宜而住在郊区，我去悉尼就吃了这方面的大亏。悉尼市中心的酒店价格虽贵一些，但是要知道悉尼的景点多数集中在城市中心或者附近，住在市中心真的会节省很多时间和精力，而且听当地人说郊区有些地方安全性不高，尤其是西南区很乱。那时候我想要去市区得乘火车、公交、轻轨一路折腾才能到达，把大好的旅行时光都浪费在了路上。

 Fashion 紫陌·女·时尚编辑·喜爱摄影

出了机场，我就想办法去提前预订的酒店，因为提前了解了一下悉尼当地的交通，知道费用不便宜，又不敢打黑车，就直接跑到乘坐机场巴士的地方去咨询。结果人家说机场巴士只到市区，而我预订的酒店却在邦迪海滩那边，我只能去找地铁了，乘坐地铁还是挺方便的，到了 Bondi Junction 站就我到了酒店，还算比较顺利。

PART 1 去澳大利亚要做的 9 件事

★ 澳大利亚常见的住宿类型

　　澳大利亚的住宿类型有精品酒店、背包客旅店、豪华度假村、自助式公寓、乡村酒馆，还有可供露营的露营地。

星级酒店	4 星和 5 星	高档型住宿场所，住宿费很贵，一般都在 200 澳元以上，但环境和设施都很好
	3 星及以下	3 星的旅馆住宿费在 70 澳元以上，远离市中心的会便宜一点。3 星旅馆一般价格合适，环境也不差，还可与老板进行交流
度假村	→	多位于黄金海岸等海边或公园附近，设施齐全，花费 70～600 澳元不等
休闲式公寓	→	大多靠近地铁站，交通方便，配备有厨房、卫生间、洗衣房和卧室，通常要租赁一周以上，一周约花费 150 澳元
经济型旅馆	汽车旅馆、客栈（Inn）	一般在城镇入口处或国道上，单人间基本没有，几乎都是 2～3 人间，费用人均为每晚 40～80 澳元
	B&B	也叫早餐民宿，是一种广受欢迎的住宿类型，房间布置非常温馨，有家的感觉。提供丰富的自助式早餐，有些带有厨房
青年旅舍	→	1. 入住青年旅舍最好有青年旅舍会员卡，在悉尼大约 30 澳元 / 晚，小城镇费用为 20 澳元左右 2. 有的青年旅舍不提供早餐，在入住时最好问清楚住宿费中是否包含早餐费。另外需要自备毛巾及洗漱用品等
背包客旅店	→	适合进行经济型旅行并长期停留的游客，花费为每晚 12～35 澳元

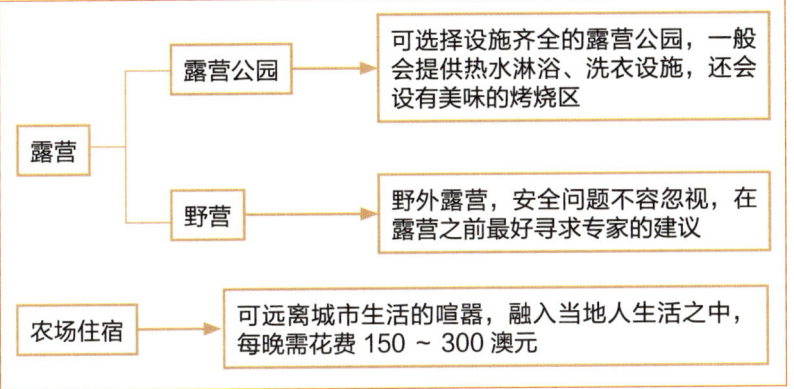

tips

1. 露营需注意

想要露营需考虑周全，如在私人领地扎营必须得到许可，有的特殊地区还可能有露营限制，有这方面的疑问应提前向当地咨询处或警察机关询问；还有安全问题，澳大利亚北部的河流里和入海口处常常会有鳄鱼出现，在鳄鱼栖息地附近一定要看好安全警示标志；还要注意不要在入海口或红树林海岸边露营。

2. 无招牌的 B & B

有一些 B & B 外面没有任何招牌，最好事先在当地的信息咨询处询问清楚，或直接向当地人打听。

★ "驴友"最常用的酒店预订网站

"驴友"常用的澳大利亚住宿预订网有 Booking、Agoda 等，你可通过这些网站预订到澳大利亚各种类型的酒店。

"驴友"常用的酒店预订网推荐		
名称	网址	特色
Booking（缤客网）	www.booking.com	有中文网站，使用方便，但可选择的住宿地相对来说较少
Agoda（安科达）	www.agoda.com	提供全球低价的酒店折扣价格，预订酒店需要提前付款，可以使用双币信用卡或者支付宝支付
Motel 6	www.motel6.com	连锁汽车旅馆，多建在公路旁，价格便宜

续表

名称	网址	特色
Super 8（速8）	www.super8.com	知名的经济型连锁酒店品牌，酒店众多，价格实惠
Hostel Traveler	www.hosteltraveler.com	可预订青年旅舍和廉价旅馆
Priceline（竞拍网站）	www.priceline.com	可通过竞价方式拍到最便宜的宾馆，缺点是不能取消订房
Airbnb（空中食宿）	zh.airbnb.com	可联系旅游人士和有空房出租房主的服务型网站，为用户提供各式各样的住宿信息，价格通常比酒店便宜

澳大利亚当地住宿预订网站		
名称	网址	特色
Discover Australia Hotel Deals	www.discoveraustralia.com.au	有各种类型的旅馆介绍，还可订购当地的旅游行程
YHA 青年旅舍	www.yha.com.au	提供全球低价的酒店折扣价格，预订酒店需要提前付款，可以使用双币信用卡或者支付宝支付
维多利亚州墨尔本官网	cn.visitmelbourne.com/Accommodation	众多墨尔本和维多利亚州的住宿场所可供选择
Australia Hotels	www.cheaperthanhotels.com.au	提供澳大利亚各式各样的廉价旅馆

★ **酒店预订不可忽略的事**

1 提前预订住宿地

去澳大利亚旅行，最好提前预订好住宿地，尤其是在澳大利亚的旅游旺季，每年11月~次年2月，6~8月，这期间游客众多，这个时候提前预订好住宿，可方便自己到达澳大利亚之后直奔旅馆，还能享受一定的折扣。有的住宿地还提供接送服务，这样会给自己带来很大便利。

2 提前与店家沟通

在澳大利亚住宿，在入住之前可与店家进行沟通，与其讲清楚住房的类型、是否含有早餐以及是否收取消费税，其他提供服务是否收费等；结账时要索取收据（receipt）。

3 考虑多方面因素

现在的住宿网站有很多，所推荐的住宿场所也是鱼龙混杂，所以在预订住宿地时，要充分考虑价格、质量、地理位置、交通等因素。如果希望交通方便，可以选择住在市中心，这样还可以省去不少的交通费用；如果希望价格优惠，可以在交通比较便利的情况下，选择距离市区较远的住宿地。

4 可从旅行社打探消息

你除了可在网上寻找房源之外，还可以从各大旅行社打探消息，很多旅行社往往会推出自由行套餐，或是安排机票+住宿地的行程。你可从中选择最符合自己需求的套餐。

5 考虑财物安全性

汽车旅馆或青年旅舍基本是一间房多个床位，需要跟其他房客一同入住。在选择此类住宿场所时，要选择较有保障、品质较高的住宿地。同时，在入住时，要注意妥善保管自己的财物，护照、信用卡之类的物品要随身携带。

6 住宿地退订问题

如果你预订了房间而不去住，没有在网站上自己取消或通知酒店取消，那你所支付的费用就退不回来了。有些特价房通常不能退订，还有一些酒店虽然可以退订，但要收取一定的手续费，比如不退还第一晚的住宿费。

★ 图解澳大利亚酒店预订流程

在澳大利亚的中文网上预订住宿十分方便，但是一些相关的外文网站却有着很多具有当地特色的住宿场所，这些网站还往往会标注额外的优惠信息，下边就以 Discover Australia Hotel Deals 网为准，介绍一些澳大利亚住宿场所预订流程。

酒店预订流程

① 打开网站 www.discoveraustralia.com.au

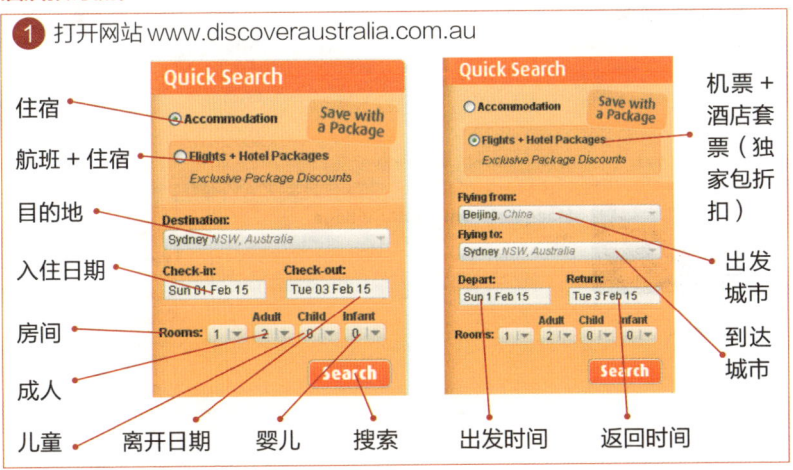

❷ 进行搜索后，会出来一个住宿选择界面（以仅选择住宿搜索为例）

住宿地名称搜索

每晚住宿价格

住宿星级

住宿地点

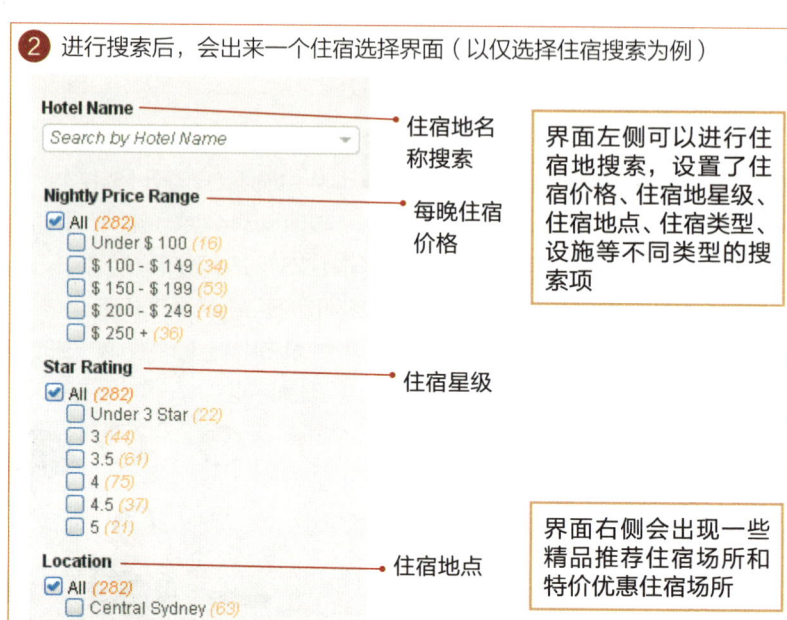

界面左侧可以进行住宿地搜索，设置了住宿价格、住宿地星级、住宿地点、住宿类型、设施等不同类型的搜索项

界面右侧会出现一些精品推荐住宿场所和特价优惠住宿场所

最佳优惠　地址　货币选择　名称　帮助　价格

优惠 15%　介绍　预订

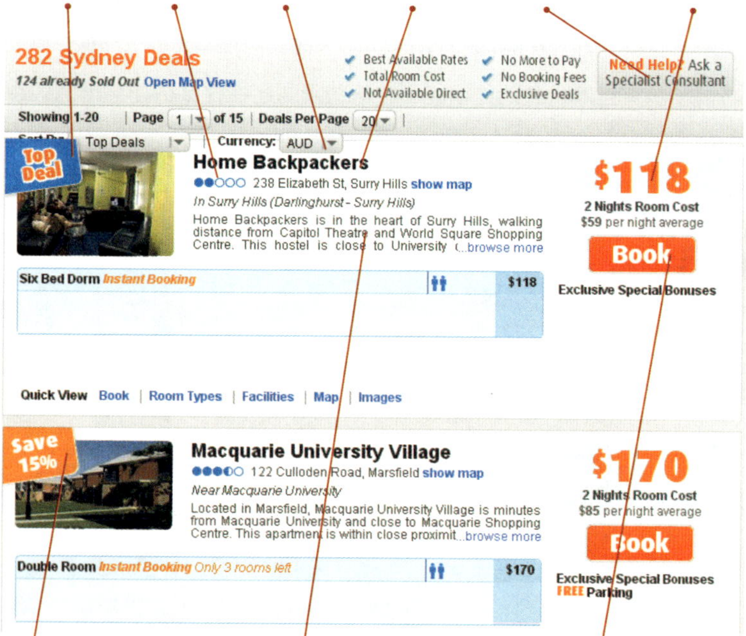

❸ 核对好信息之后，进行预订

这是一些特定的服务项目，包括前台储物箱、票务咨询、吸烟区、网络等

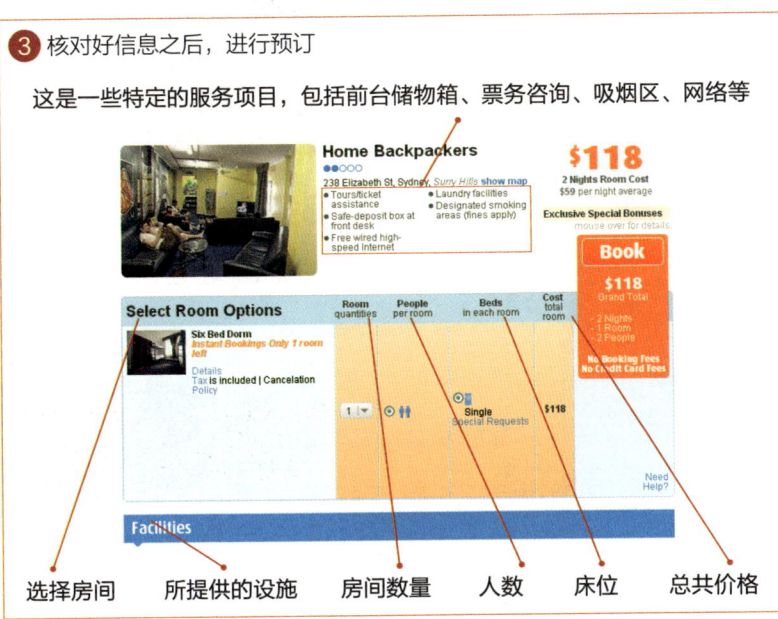

选择房间　所提供的设施　房间数量　人数　床位　总共价格

❹ 填写相关信息，付款，完成预订

姓

性别
名字
邮箱地址

填写详细的联系方式，包括国家、市内或郊区、邮政编码、电话等内容

旅行人数（包括大人及儿童）和相应的姓名

付款细节，包括使用信用卡的类型、号码等

预订

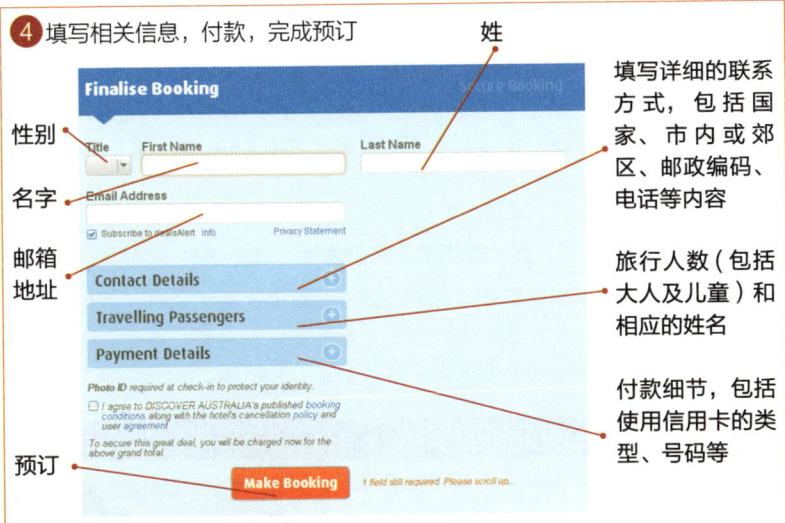

PART 1

去澳大利亚要做的9件事

管家提示

在澳大利亚，酒店入住时间一般为 14:00，退房时间为 12:00 前，超时需另交费用；用酒店中的电话拨打外线需收费，观看电视有时也要收费，因而在使用前最好先了解清楚费用情况；酒店房间内不可以吸烟，非法吸烟所造成的损失将由吸烟人全部承担，如有需求可在入住前询问是否有吸烟房。

NO.4 如何在澳大利亚刷卡

过来人经验谈

 行走路途间·男·某公司职员·痴迷旅行

信用卡在澳大利亚使用很普遍，租车、就餐、购物时，都可使用信用卡支付，其中较常用的信用卡包括 VISA 和 MasterCard。在办理退税时，要注意澳大利亚的退税柜台不退现金，因而需要信用卡或借记卡，个人觉得信用卡最方便，我在办理退税之后一周的时间内退税金额就到账了。

 剪不断的山水情·女·摄影师·热爱生活，视角独特

澳洲大部分商店普遍接受信用卡，我当时携带的是常见的万事达卡，使用起来还是蛮方便的。不过，在一些小店和跳蚤市场购物，还是要提前携带少量的澳元，因为那些地方很少接受信用卡。

★ 哪些信用卡在澳大利亚能用

澳大利亚的货币是澳元，最普遍接受的信用卡有万事达卡（MasterCard）、VISA 卡、银联卡、JCB 卡及其附属机构的信用卡。其中 VISA 卡和万事达卡在许多银行都可同时办理，我国的中国银行、中国工商银行以及招商银行、中国农业银行、中国建设银行等银行都可办理。

> **tips**
>
> 1. 需缴纳一定的保证金，不同银行要求不同；
> 2. 证明资料：身份证明（身份证、户口簿等）、工作证明以及收入证明，如想提高信用额度以及发卡成功率，还可提供学历、房产证复印件、汽车行驶证复印件等；
> 3. 年费：办理信用卡后需要交年费，一般为 100 ~ 300 元，许多银行规定只要每年刷卡购物 6 次以上（达到一定消费金额）即可免年费。

★ 如何在澳大利亚使用银行卡

首先，想要使用信用卡取款，应先在国内确定好信用卡有跨国取现的功能。澳大利亚境内有万余台 ATM 可使用银联卡提取澳元，包括所有中行、汇丰银行、花旗银行（营业网点内 ATM）、澳洲国民银行的 ATM，以及 Cash Connect、CashCard、Travelex 旗下的 ATM。有的机器还提供中文操作界面，提现很方便。带有 Travelex 字样的 ATM，都支持人民币直接兑换澳元。

NAB（澳洲国民银行）ATM 取款操作步骤

❶ 首先找到可取现的 ATM

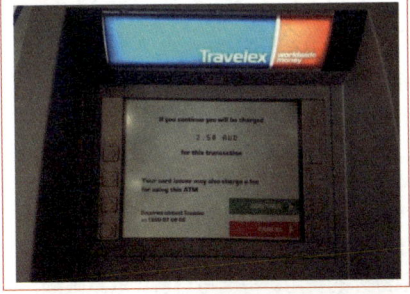

❷ 插卡

❸ 输密码

黄色为清除键，红色为取消键，绿色为确认键。

❹ 选择交易类型

选择交易类型的界面是"Please select your transaction"，其中"withdrawal"是取款，"Balance"是余额，账户余额以澳元金额显示。

❺ 选择账户类型

选择账户类型的界面是"Please select from your account"，以 NAB 银行为例，如果是信用卡，需按下"Credit"或"CR"选项旁边的确认键。

❻ 输入取现金额

Please select amount，显示相应的金额供你选择。ATM 可提取纸币金额是 20 澳元和 50 澳元，所以输入的金额必须是 20 或者 50 的倍数。

❼ 取款

机器提示"transaction in progress"（操作正在进行）时，稍等片刻，先取卡，再取现金，最后取单据，完成所有交易。

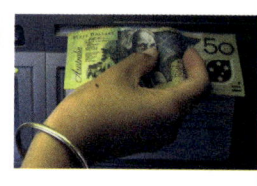

❽ 是否打印凭单

当显示"Do you require a receipt"时，你可选选择"YES"后面的确认键，将凭单打印出来并保存，作为日后对账的依据。

tips

ATM 虽分布广泛，但偏远城镇相对较少。无法找到 ATM 时也可在大部分能使用电子转账系统（EFTPOS）的澳大利亚商店中使用银联卡和信用卡消费或提取现金，可通过交易支付手续费。在带有 VISA、万事达卡或银联标志的 ATM 上取现，通常会被收取 2% ~ 3% 的手续费。当然，在银联的部分特约商户消费时，将不会被收取货币转换费。

管家提示

可携带多种信用卡，因为各个商家接受的信用卡类型往往有所不同。同时，还需随身携带少许现金，当要购买低价商品时，许多商店会不接受刷卡消费。此外，一些商家还会对信用卡收取额外的费用。每卡每日累计取款限额，借记卡为与 10 000 元人民币等值的澳元，信用卡为与 5000 元人民币等值的澳元。

NO.5 兑换适量的澳元

过来人经验谈

luishomecom · 男 · 大学生 · 怀揣梦想，遇见生活

在澳大利亚，无论是就餐还是在超市买东西，全额低于10澳元是不能刷卡的，因此准备些现金很有必要。

逐梦者 · 男 · 自由职业者 · 渴望周游世界

去澳大利亚，不建议携带过多澳元，等值5000美元以上的现金需要申领外汇携带证，手续比较烦琐。我在悉尼一天旅行下来，大约花费300澳元，其中三餐约20澳元，交通5～10澳元，景点门票约70澳元，通常还会携带大约200澳元的备用现金，这就足够了。

★ 支持澳元兑换的机构

国内兑换

国内可兑换澳元的银行很多，可选中国银行，汇率比较平均。在兑换外汇时，只要带上身份证即可。因为每次兑换货币时都会收取一定的手续费，而且汇率也会有所浮动，所以在兑换货币时要考虑清楚。

在澳大利亚兑换

在澳大利亚的国际机场或各大银行，如澳新银行、联邦银行、澳大利亚国家银行、西太平洋银行的分行等银行都可兑换外币。

tips

1 可在国内兑换部分美元
澳大利亚有的地方不能兑换人民币，只能兑换美元，你可以在国内将一些人民币兑换成美元，然后到澳大利亚再兑换成澳元；或者是直接在国内兑换成澳元。

2 选择兑换地
在澳大利亚用人民币换澳元的成本比在国内兑换要高，并且不太方便。各个地方的汇率高低不同，在换汇前应"货比三家"。通常机场和车站的汇率虽然较高，但非常方便，大多数地方24小时都可以兑换。

3 尽量把硬币花完
因为国内银行不接受硬币的兑换，所以尽量在澳大利亚把硬币花完。如果最后发现还剩下一部分硬币，则可与信用卡一同支付使用完。

★ 坚决不要大额澳元

建议在国内银行兑换合适数额的澳元带出去，但不建议携带过多的澳元，个人一次携带外币现钞等值5000美元以上需要申领外汇携带证，手续烦琐，而且也没有必要携带那么多现金。通常准备200澳元左右的备用现金就足够了。当然，最好还要兑换一部分小面额的澳元，面值在20澳元以下的钞票在澳大利亚比较常见，流通方便，小商店一般不收50澳元及以上的钞票。

★ 带多少澳元合适

在澳大利亚，旅游消费主要在境内交通、饮食、购物、门票等方面，大部分消费都可以用信用卡支付，现金可根据停留时间、人员、消费预算等携带，不宜携带太多现金。

交通： 在澳大利亚境内，飞机、公交、地铁都可以乘坐，很方便。票价也不贵，可选择购买几日套票。自驾租车费用则较高，经济型车辆大概300元人民币/天。

饮食： 富有澳大利亚特色的当地小吃比较节省开支，还不需要付小费，在正规餐厅通常要付15%～20%的小费。正常情况每顿花费为100～300元人民币。

门票： 澳大利亚的多数自然景观不需要门票，不过一些其他景点，比如悉尼歌剧院等所需费用较高，通常需要几十澳元。

购物： 到澳大利亚一般都会买奢侈品和一些当地特色纪念品，这部分的费用可多可少，根据预算分配。

小费： 澳大利亚对于小费的支付无硬性规定。按照当地人的习惯，在一些服务行业可适当支付一定的小费。

澳大利亚付小费标准参考	
类型	小费金额参考
餐馆	团体用餐可不用支付小费，个人用餐可按总餐费的 10%～15% 支付小费
机场和旅馆搬运工	通常一件行李 1 澳元
导游	可支付 6 澳元作为小费

管家提示

在国内兑换澳元需要提前一天打电话向银行预约，通常银行官方网站都有网点电话，可询问自己附近哪些网点有足够的澳元现钞，并告知要兑换的金额数目和大致时间，让银行那边做好准备。

在银行柜台兑换货币，需按即时汇率进行，可以事先在网上银行查询相关信息，并在实时汇率较低的时候，在网上进行兑换操作，然后再到银行提取澳元现钞。

NO.6 携带行李有讲究

过来人经验谈

Fashion 紫陌 · 女 · 时尚编辑 · 喜爱摄影

我提前了解到国际航班跟澳大利亚国内航班对行李的要求有所不同，所以我把行李分为两部分来进行安排。要注意，国际段安排尽可能少带东西，因为当你回国的时候会携带更多的东西。国际段所携带行李一般每人不超过5千克，而国内段则根据航空公司的不同而不同，就拿我乘坐的Virgin航空公司来讲，自带行李规定两小件，不超过7千克，如果被查出所托运行李超过7千克会收取不少罚金呢。

行走路途间 · 男 · 某公司职员 · 痴迷旅行

澳大利亚紫外线很强，对皮肤的杀伤力很大，一定要备上防晒用品、遮阳帽、墨镜等，做好防晒工作，尤其是在海滩和内陆地区游玩的时候。虽然澳大利亚夏季白天的时候很晒，但到了晚上就会比较凉爽，要带上冲锋衣等长袖衣服。

★ 必备行李

必备行李主要有：护照、机票和酒店订单、现金（人民币、美元）、银行卡和信用卡、旅行支票、保险及紧急清单。

> **tips**
>
> 可准备一个存放重要物品的小提包，专门存放护照、银行卡等物品，并一定要将其随身携带。

★ 备用装备

备用装备包括各种随身物品，旅游时可放在随身包中带出去。这种装备主要包括：相机和手机等电子产品及备用电池、旅游资料、雨伞、创可贴、防晒霜、笔和纸等。此外，根据澳大利亚的气候因素，建议随身携带一件薄外套。

> **tips**
>
> **1. 少带食物类物品**
> 澳大利亚海关对食物类物品检查十分严格，在整理行李时，食物种类要少带。不要携带任何新鲜的水果、蔬菜、蛋类、肉类、植物、种子。
>
> **2. 行李打包**
> 在打包行李时，可将衬衫、裤子、内衣进行分类，然后分别装入小袋中，以方便取出。此外，还可购买一些真空包装袋，这些袋子可将衣物的体积压缩到几分之一。

★ 做个行李备忘录

行李准备清单					
证件类			衣物类		
类别	带齐打√	备注	类别	带齐打√	备注
签证			长衣长裤		
护照			T恤、短裤		
学生证			沙滩衣裤		
青年旅舍会员卡			内衣内裤		
证件照及电子版			外套		
现金及信用卡			鞋		
驾照及公证件			围巾		
行程单			遮阳帽/伞		
笔和纸			太阳镜		

续表

药品类			护肤品类		
类别	带齐打√	备注	类别	带齐打√	备注
驱蚊药			防晒霜		
创可贴			洗面奶		
感冒药			爽肤水		
眼药水			润肤乳		
藿香正气丸			眼霜		
诺氟沙星			隔离霜		
通信拍照类			清洁卫生类		
类别	带齐打√	备注	类别	带齐打√	备注
手机			毛巾		
相机/DV			牙膏牙刷		
存储卡			梳子		
替换电池			剃须刀		
充电器/充电宝			湿巾/纸巾		
插头转换器			生理用品		
地图			旅行三宝（U形枕、耳塞、眼罩）		
攻略指南					

★ 行李打包窍门

1 将重要的证件等放在手提包内，一来可以方便检查，二来以免行李箱丢失造成不必要的麻烦。

2 把衣服一件件卷起来塞进行李箱，这样既节省空间又不容易让衣服起皱，想找哪一件也一目了然。

3 收拾行李时，把鞋子放进浴帽里，浴帽很容易洗干净，还可以防止鞋子把干净的衣服弄脏。

4 耳机和电源线可以缠在没用的卡片上，用剪刀稍微剪两下就省下了买绕线器的钱。也可以把各种电源线缠好放到旧眼镜盒里，把夹头发的小卡子放到空糖盒里，放在包里随用随拿，还能避免弄丢。

5 把腰带卷好放到衬衫的领子里，既可以撑起衬衫的领子又能保证腰带不弯折、不乱跑。

6 如果去海边的话，把手机放到密封的塑料袋里。

7 扫描并复印自己的护照、身份证，扫描文件发到自己邮箱里。复印件数份，分别放在行李箱和背包中，并可另外留给信任的人一份。如果这些东西不幸丢失或被偷的话，至少还能证明自己的身份。

8 在瓶身和盖子之间加一层保鲜膜，保证不会有液体漏出来。

9 少量的化妆品，可以放到旧隐形眼镜盒里随身携带。

10 飞机上有高端的小电视，可以把手机/iPad装进保鲜袋之后随便挂在哪里就OK了。

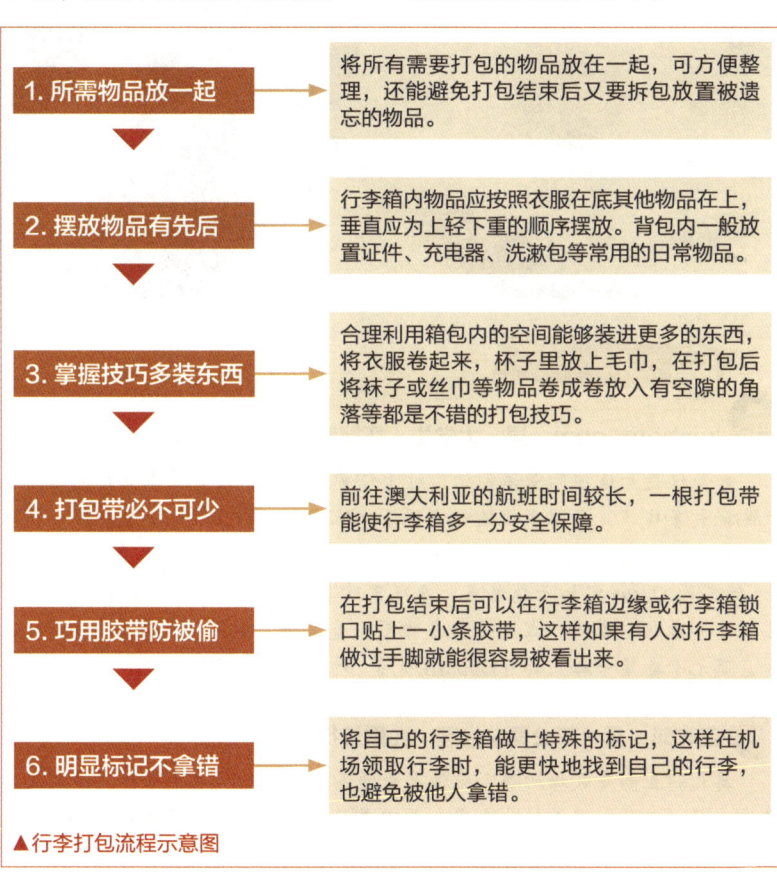

▲行李打包流程示意图

管家提示

　　行李在托运过程中，不可避免地要被丢来丢去，因此选择行李箱时，以轻便和坚固为重点，以能承受一定压力为宜。对包装不合要求的行李，航空公司有权拒绝收运。此外，为了防止拿错行李的"乌龙事件"发生，在出门前可在行李的上下两面贴上自制的特殊标志，或在手柄上绑上色彩鲜艳的绳子、布条等，在行李内侧的标牌上用英文写上姓名、住址、到达目的地等信息。

NO.7 做好通信准备

过来人经验谈

luishomecom · 男 · 大学生 · 怀揣梦想,遇见生活

如果仅是开通国际漫游的话,对于经常上网或需经常往家里打电话的人来说就太奢侈了,所以我就提前办理了一张 Optus 的 2 澳元 1 天套餐卡。后来当我来到澳大利亚后才发现在大型的国际机场处可以很容易找到有 Optus yes 标志的 Optus 电话卡销售点,在那里购买也很方便。旅行的时候,总是忍不住刷微信、微博,或者是查找地图,流量难免会用得比较多,而 Optus 的 2 澳元卡套餐中每天都有 500MB 流量,对于我来说足够用了。

蓝咖啡 · 男 · 某公司总经理 · 注重旅行质量

澳大利亚的多数场所都不提供免费网络,住宿场所也是一样,建议在出发前从当地电信公司提供的众多套餐中进行选择。我自己选择的是 Optus 的 2 澳元卡,同时还会在麦当劳、Hungry Jack 里使用一下免费 Wi-Fi。

★ **方便快捷的国际漫游**

移动用户

资费信息(澳大利亚)								
拨中国内地	漫游地接听	拨漫游地	拨其他国家和地区(不含特定国家和地区)	发短信回中国内地	发短信至其他国家和地区	收短信	数据流量	4G漫游
元/分钟				元/条				
2.99	1.99	0.99	3	0.39	1.29	0	6元包3M	支持

联通用户

资费信息（澳大利亚）						
拨打漫游地	拨打中国大陆（不含台港澳）	漫游地接听	拨打台港澳及其他国家和地区	发中国大陆（不含台港澳）	发其他国家和地区短信	数据漫游
元/分钟				元/条		元/KB
1.86	2.86	1.86	4.86	0.86	1.76	0.01

★ 省钱的电话卡

澳大利亚的电话服务供应商主要为Optus、Telstra、Vodafone，其中Optus提供的电话卡套餐和优惠会多一点，而Telstra虽然比较贵，但是其信号最好、覆盖区域最广。无论选择哪种电话卡，都为单向收费，接听电话免费。

澳大利亚手机电话卡推荐		
种类		信息	网址
Optus	2澳元1天套餐	在澳大利亚境内通话短信无限量，但不包括往中国打电话和发短信；往中国打电话每10分钟1澳元，往国内发短信，每条35澳分；每天有500M流量	www.optus.com.au
	30（40/50）澳元套餐	30澳元套餐：和中国国内通话达250分钟，不限量拨打澳洲境内电话和发短信，同时包括500M流量	
Telstra		信号强，覆盖范围很广，可选择30澳元套餐，包括250澳元话费，400M流量，30天内有效	www.telstra.com.au
澳大利亚lebara手机卡		一种优质的预付费卡，可以用低廉的价格直接用手机拨打国际长途电话。这种电话卡使用方便，在国内开通好，到澳洲换上就可以用	www.lebara.com.au

★ 教亲人如何与你联系

国内亲人与国外亲人联系，可通过打电话及发短信两种主要方式，发短信费用比打电话便宜。亲人之间也可以提前上网或用智能手机下载WhatsApp、MSN、Skype等软件，可免费发短信、视频等，非常方便。

打电话

从中国（不含港澳台地区）打

电话到澳大利亚的方法：国际冠码（00）+国家代码（61）+区号（前边有0的去0）+电话号码。

发短信

从中国（不含港澳台地区）发短信到澳大利亚的方法：国际冠码（00）+国家代码（61）+手机号码。

微信/QQ

提前在手机上下载并安装微信或QQ，互相加为好友。在澳大利亚，用手机上网相当方便，酒店、大型购物商场等一般都有Wi-Fi，但大部分需付费。你也可以在国内开通相应的流量功能。

WhatsApp

WhatsApp是一款类似于微信、QQ的应用，可以发信息、语音等。若处于信号极差的地区，WhatsApp可以畅通无阻地发送短信，而微信则无法发送。

tips

1 根据自身情况选择相应业务

如果在澳大利亚打电话较少，也无须上网，那么直接在国内开通国际漫游即可，不过国际漫游网络费用通常较高，建议自己调整手机设置，在必要时关闭手机网络；如果拨打电话较多，并且需要使用网络，停留时间超过1周，那么则建议购买当地卡。

2 在当地购买电话卡

通常在各机场的国际到达大厅中会设有售卖电话卡的柜台，在市区内的很多商店和7-11便利店也可以买到。当然也可去华人开的店铺中购买电话卡，价钱稍便宜，也方便咨询、交流。

3 可选择携带随身Wi-Fi

随身Wi-Fi分为SIM卡和USB电脑用两种，你可在淘宝网上选择360随身Wi-Fi、小米随身Wi-Fi、华为随身Wi-Fi等，价格比较便宜，使用起来也很方便。

 管家提示

虽然移动电话网络覆盖整个澳大利亚，但在一些偏远地区，通信讯号会受到一定限制，可提前租用一台卫星电话。

NO.8 买份旅行保险

过来人经验谈

行走路途间·男·某公司职员·痴迷旅行

我个人觉得基本的保险都是大同小异的，主要看自己的需求了。我这次出行买的是平安保险公司的境外旅游险。上次还听朋友提到去澳大利亚买的是安联的环球之旅境外旅游险，感觉也还不错。

逐梦者·男·自由职业者·渴望周游世界

我出国游玩习惯了使用美亚保险，之前也多次达到顺利理赔的效果。这次去澳大利亚选择的是有着较高保障的"万国游踪"保险项目，14天180元/人，还比较划算。

★ 哪些保险公司靠谱

前往澳大旅行前买份旅行境外保险很有必要。在国内，你可以选择向中国平安、中国人保财险、太平洋人寿保险公司等靠谱的保险公司投保，保险项目可到保险公司或其官网上购买，手续十分简单，不需要另外体检。

PART 1 去澳大利亚要做的9件事

保险公司网站信息		
保险公司	网站	有关险种
中国人寿保险公司	www.e-chinalife.com	出境保险等
中国平安人寿保险公司	www.4008000000.com	境外旅游保险－全球等
中国太平洋人寿保险公司	www.ecpic.com.cn	境外旅行综合及紧急救援保险等
太平人寿保险公司	www.cntaiping.com	太平悠长假期旅行意外保障等
泰康人寿保险公司	www.taikang.com	泰康e顺签证宝旅行保障计划等

★ 花小钱换大保障

境外旅行保险一般包括意外险、医疗险等，有的还附加境外个人旅行不便保险、境外旅行法律责任险等项目。花点小钱买份境外旅游保险，可以换个大保障。

名称	范围	网址
平安"畅行天下"境外旅行保险（全球行）	意外身故/残疾/烧烫伤、意外伤害医疗、紧急医疗救援、航班延误、行李延误、行李票证损失保障、旅行期间家财保险等	www.4008000000.com
中国人保财险全球旅游保险（e-四海逍遥游保险）	门急诊及住院医疗费用补偿、行李和随身物品丢失赔偿、托运行李丢失赔偿、意外身故和残疾给付等	www.epicc.com.cn
太平洋人寿保险公司"乐游人生"境外旅行救援保险（尊贵版）	境外意外伤害保险责任、境外住院医疗保险责任、境外紧急救援保险责任、附加境外个人旅行不便保险、附加境外旅行法律责任保险等	www.ecpic.com.cn
美亚"万国游踪"国际旅行保障计划	个人意外伤害和医疗保障、紧急救援、旅程阻碍保障、个人财物保障等	www.aig.com.cn

> **管家提示**
>
> 澳大利亚的医疗费用比较昂贵，你可以根据相关的账单付款，然后索要一份账单收据，再到保险公司报销相关的医疗费。此外，也可直接将未付款的账单交给保险公司，让保险公司直接将相应的支票寄给你，然后把支票和余额交给相关的医疗机构。

NO.9 提前下载 APP

 过来人经验谈

行走路途间·男·某公司职员·痴迷旅行

我提前在 App Store 中注册了一个澳大利亚账号，然后下载了一些澳大利亚本土的 APP。我建议下载 Google Maps、weather 等。尤其是 Google Maps 是一定要下载的，虽然 Google Maps 在国内使用有时候会有一些限制，但到了国外就畅通无阻啦。

逐梦者·男·自由职业者·渴望周游世界

关注天气的话，我推荐一个叫 WeatherZone 的天气预报 APP，通过实践，感觉这个软件预报的天气是很准的。还要推荐一个 TripAdvisor APP，这相当于我们中国的大众点评网，从里面找餐馆很方便。

luishomecom·男·大学生·怀揣梦想，遇见生活

推荐一些在澳大利亚需要用到的手机 APP：Google Maps 必不可少；Opal Travel 为悉尼公共交通的手机 APP，由 NSW Transport 开发；悉尼机场（Sydney airport）APP，适合初到悉尼或者需要在悉尼机场出行的朋友；Australia Travel Guide by Triposo，是一个当地旅游 APP，实践证明很好用；TRS（Tax Refund Scheme）为官方退税 APP，里面有关于退税政策、退税方法的详尽介绍）。此外，还有一些手机通信运营商的 APP，我自己使用的是 Optus，因此使用的是 My Optus APP，可以帮助你控制流量、话费余额。

★ 澳大利亚旅游局 APP

澳大利亚旅游局 APP 专门针对 iPad 和平板电脑设计，免费使用。通过该应用你可以进一步了解澳大利亚，还可以规划自己的行程。

★ Google 地图

Google 地图是一个实用的地图软件，支持手机 IOS 系统、Android 系统及 Windows Phone 平台，能帮助你在澳大利亚快速找到你要到达的目的地，包括最符合你要求的路线。在手机应用商店搜索"谷歌地图"，即可下载。

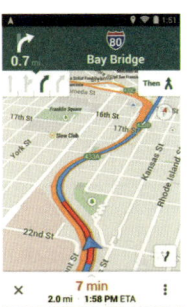 

★ TomTom Australia

TomTom 是全球最大的导航系统，简单的操作方式让人能够轻松上手，你只需要将机器安装在固定的车架上并打开开关就可以直接上路了。只需规划好你想去的地方，TomTom 就会为你规划出快捷的路程。

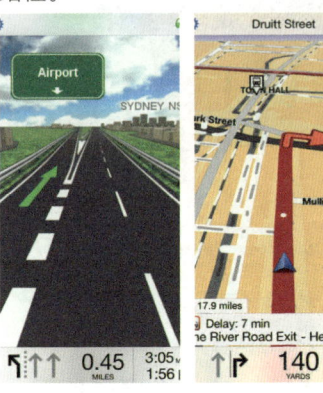

★ 澳大利亚地图

澳大利亚地图是一款澳大利亚导航应用，支持汽车、地铁、步行和自行车等出行方式的线路导航，可以帮助确定你当前的位置、引导你到达目的地、规划你的地铁乘车线路、查询周边的商户和餐馆。该应用还可以在完全离线的情况下运行，这样可以帮你节省昂贵的数据漫游费用。

★ Australia Travel Guide by Triposo

澳大利亚旅游指南是专门为

iPhone 和 iPad 设计的一款 APP，提供完整的和最新的城市指南，包括的城市有悉尼、墨尔本、阿德莱德、珀斯和其他许多旅游目的地。

 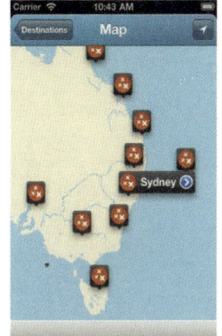 

★ 猫途鹰

猫途鹰是一个提供酒店比价和折扣、景点、美食点评、旅游攻略的旅游综合平台，软件适用于 iPhone、iPad、Android 等平台。在手机应用商店搜索关键词"猫途鹰"，即可下载，也可直接扫描二维码进行下载。

★ Booking

Booking 是一款订房软件，适用于 iPhone、iPad、Android 等系统，在手机应用商店搜索关键词"Booking"即可下载。

★ Airbnb

这是一款可以搜索整套公寓、特色树屋或城堡等特色住宿类型的软件，适用于 iPhone、Android、Windows Phone 等平台，在手机应用商店搜索关键词"Airbnb"即可下载。

管家提示

提前下载与澳大利亚旅游相关的 APP，可进一步了解澳大利亚并获得相应的实惠。下载相应的 APP，能迅速解决衣食住行、吃喝玩乐的疑惑，自由自在地遨游澳大利亚，享受最地道的澳大利亚风味。

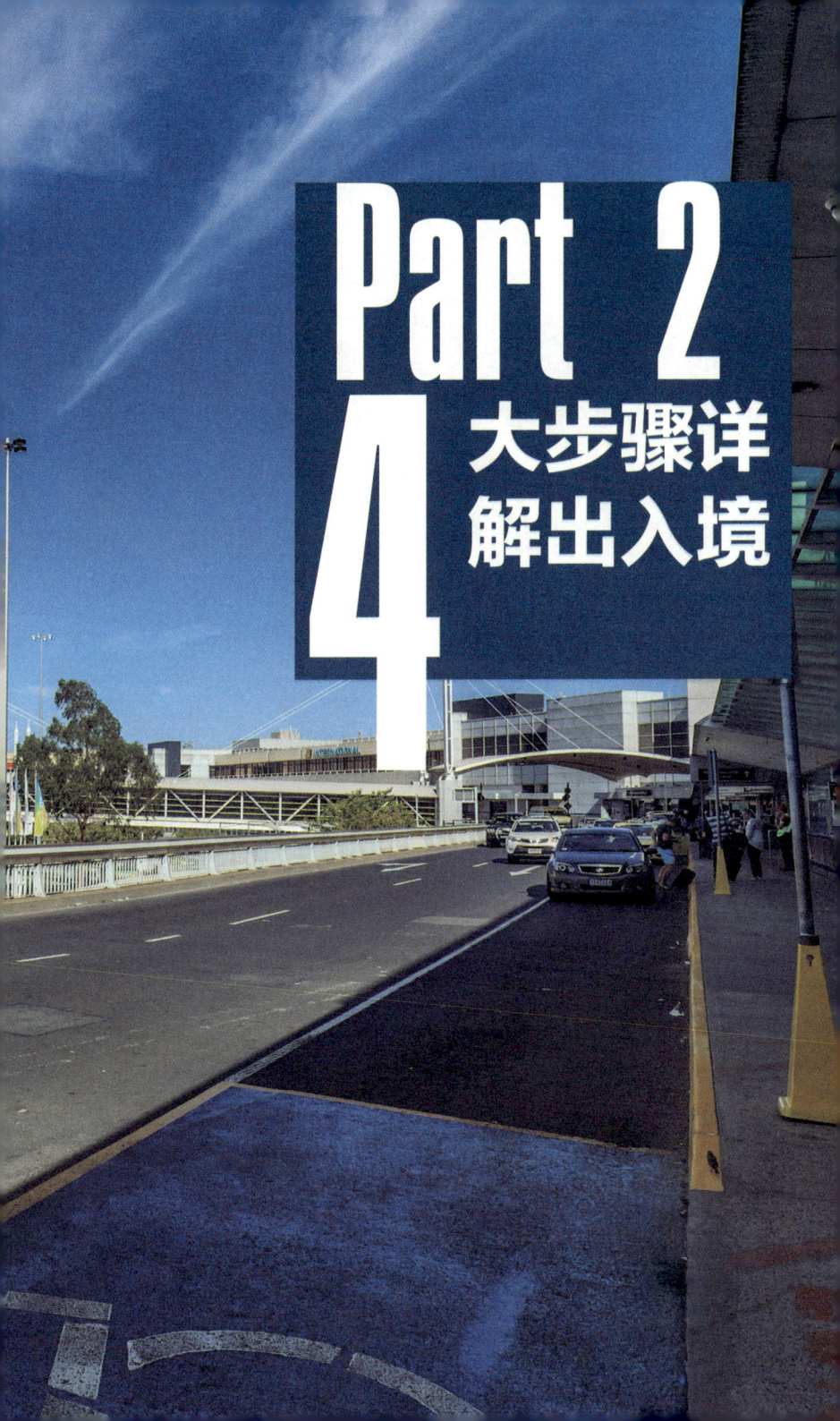

Part 2
4大步骤详解出入境

NO.1 出境别大意

过来人经验谈

 蓝咖啡·男·某公司总经理·注重旅行质量

我们一家人预订的是从北京直飞悉尼的航班,需要乘坐一晚上的飞机。出门之前还休息了一下,担心孩子在飞机上睡不好,使自己太过劳累。万幸的是,孩子还算睡得比较好,为第二天轻松出行创造了很好的条件。由于我们是带孩子出行,所以从安检到出中国海关走的都是绿色通道,还算是比较便捷,不过在办理登机牌时却排了半个多小时的队。到达候机厅后,吃了些晚餐,食物价格超级贵。

 剪不断的山水情·女·摄影师·热爱生活,视角独特

我每次出行都本着赶早不赶晚的原则,因而在出发那天,我在检查了护照、信用卡、机票及酒店订单等必备物品后,提前3小时到达了首都国际机场。当天出境的人不是很多,从办理登机牌到托运行李一气呵成,在到达候机厅时还有一个半小时的候机时间。

★ 为何提早去机场

国际出发的旅客,要经过一系列安全检查,且一般国际航班提前1个小时就不办理登机牌,为确保顺利登机,建议最晚在航班起飞前2.5~3小时到达相应航站楼。

▲国际出发流程图

1 办理登机手续及托运行李

办理登机手续前,先确认是否携带有向海关申报的物品。如有,填写《中华人民共和国海关进出境旅客行李物品申报单》,并在海关申报柜台办理申报手续。如有需要,也可以办理行李托运,办完后拿登机牌。

2 检验检疫

如果是出国一年以上的中国籍旅客,建议到检验检疫部门进行体检,以获取有效的健康证明。如果出行目的地恰好是某一疫区,应进行必要的免疫预防疫苗接种。

3 边防检查

出示有效的护照证件、签证。如持有有关部门签发的出国证明的,及时出示。

4 安全检查

提前准备好登机牌、机票和有效护照证件,交给安全检查员查验。旅客须从安全检测门通过,随身行李物品须经X光机检查。

5 海关检查

如果携带有向海关申报的物品,须填写物品申报单,选择"申报通道"(又称"红色通道")通关;如果没有,无须填写《申报单》,选择"无申报通道"(又称"绿色通道")通关。

6 候机及登机

经过安检以后,可以根据登机牌标示的登机口到相应候机区休息候机。通常情况下,航班起飞前至少30分钟开始登机,可留意广播提示及航班信息显示。

国际出发常用语言中英文对照	
中文	英文
卫生间	Lavatory
鸡肉/牛肉	Chicken/Beef
饭/面	Rice/Noodle
白开水/牛奶	Water/Milk
橙汁/茶	Orange Juice/Tea
可乐/雪碧	Coke/Sprite
我的座位在哪里?	Where is my seat?
我能将手提行李放在这儿吗?	Can I put my baggage here?

★ 教你看懂报关卡

在入境前，需要填写好入境卡右侧申报单，如果有需要申报的物品，一定要记得在卡上"是（YES）"的一栏打钩。

带着申报单去接受海关检查，在海关确认好那些物品没有问题后，便可顺利入境。如果你感觉是可要可不要的食物、植物材料或动物产品，可以在到达澳大利亚之后将其丢弃在机场航站楼的检疫箱内。

请打 ✗ 回答每一个问题。如果不能确定，请在"是"方框打 ✗
▶ 您进入澳大利亚是否携带了
1. 违禁物品或受限制物品，如药物、类固醇、非法色情作品、枪械、武器或非法毒品？　是　否
2. 超过 2250 毫升（ml）的酒类饮料，或 50 支香烟，或 50 克（g）的烟草产品？　是　否
3. 总值超过九百澳元在海外获得的物品，或在澳大利亚购买的免关税及/或免税物品，包括礼品？　是　否
4. 有生意/商业用途的货物或样本？　是　否
5. 总数等于或超过澳币一万澳币或等值的外币？　是　否
   注：如果海关官员或警员要求，您应该出示旅行支票、支票、汇票或者任何金额的其他不记名票据。
6. 肉、家禽、鱼、海味、蛋、奶制品、水果、蔬菜？　是　否
7. 谷物、种子、球茎、稻草、果仁、植物、植物的某一部分、传统药材或草药、木制品？　是　否
8. 动物、动物的任何部分、动物制品，包括设备、宠物食品、蛋类、生物样品、样本、鸟类、鱼类、昆虫、贝壳、蜜蜂产品？　是　否
9. 土壤，粘有泥土的物品或者在淡水区使用过的物品，例如体育、娱乐设备、鞋子等？　是　否
▶ 10. 在过去的三十天内，有没有去过农场，接触过农场的动物，去过野生地区或者淡水河、淡水湖等地方？　是　否
▶ 11. 在过去六天内，您是否去过非洲、南美洲、中美洲或加勒比海地区？　是　否

▲报关卡

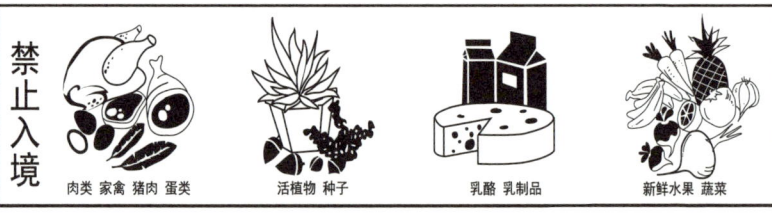

禁止入境　肉类 家禽 猪肉 蛋类　　活植物 种子　　乳酪 乳制品　　新鲜水果 蔬菜

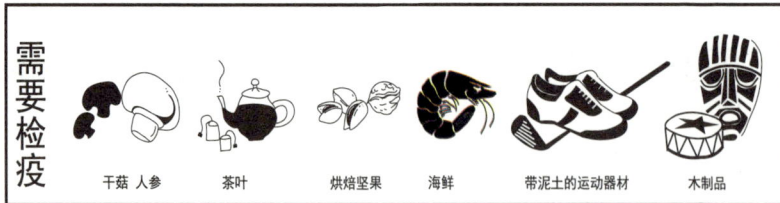

需要检疫　干菇 人参　茶叶　烘焙坚果　海鲜　带泥土的运动器材　木制品

允许入境　面条　面包　饼干　软饮料　各式糖果甜食 巧克力

tips

1 澳大利亚海关对旅客及其行李的检疫比较严格，中国入境者往往会携带一些违禁土特产品入境，正因此往往会成为澳大利亚海关的重点开包检查对象。所以，请旅行者务必遵纪守法，在收拾行李时，注意不要携带新鲜水果和蔬菜、肉类、家禽、猪肉、蛋类、坚果、乳制品、活植物和种子，你可以选择到澳大利亚之后再选购这些物品。

2 如果没有对存在检疫危险的物品进行申报，或做出虚假申报，将会被罚款340澳元，严重者会被罚款66 000澳元以上，并会有被判10年监禁的风险。因而在不知道你所携带的物品是否需要申报时，最保险的处理方法便是进行申报。此外，携带现金金额超过10 000澳元，也需申报。

报关卡语言中英文对照

中文	英文
海关申报表	Customs Declaration
报关物品	Goods to Declare
不需报关	Nothing to Declare
请告诉我如何填写这张表格？	Could you tell me how to fill in this form?
是否有任何东西需要申报？	Do you have anything to declare?
没有	No, I don't

★ 了解入境登记卡

入境登记卡

当飞机即将到达澳大利亚时，需要填写入境卡，填写内容要求用英文书写，里面包括一些个人信息，如姓名、护照号码、航班号码、在澳大利亚的住址和一些简单的问题。反面的3个栏目，只要填写一个就可以。

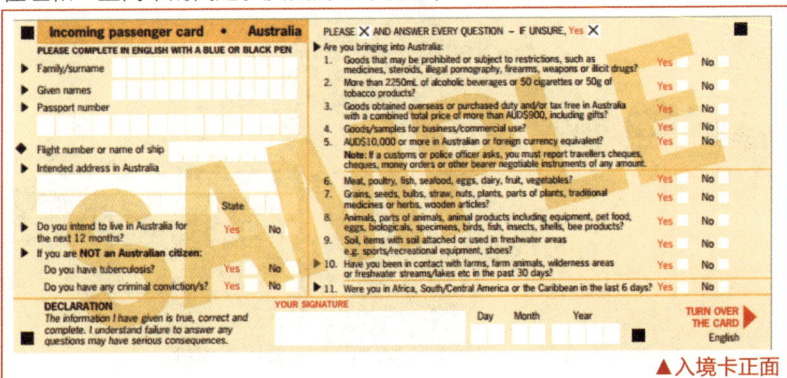

▲入境卡正面

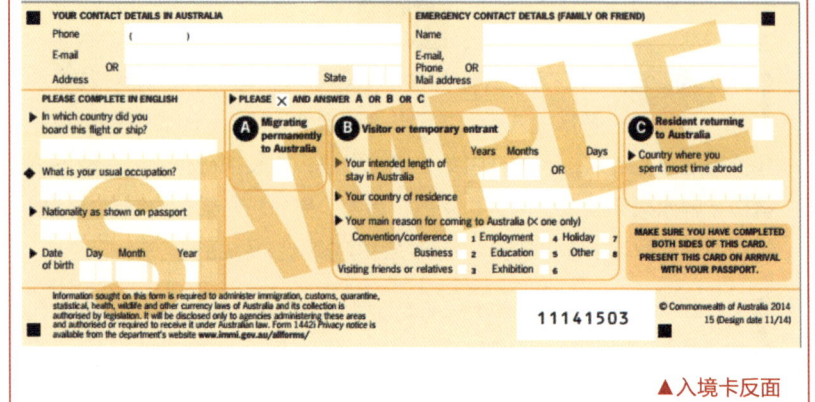

▲入境卡反面

tips

入境卡上需填写的地址一栏，可以写你入住城市的酒店地址，如果你选择住在亲友家，则可填写亲友家地址。

管家提示

在机场结束检查之后，便可登机了。登机后，你可把行李放在行李架内，也可放在自己座位下边。在座位前边的座椅袋内有飞机内部示意图，你可从中了解飞机内的洗手间、紧急避难出口的位置。从中国飞往澳大利亚需要 7～12 小时，你可以阅读飞机上的杂志和旅行指南，进一步了解澳大利亚。

NO.2 入境别慌张

过来人经验谈

luishomecom · 男 · 大学生 怀揣梦想，遇见生活

其实入境并没有想象中那么麻烦，只要按照要求行事即可。如果有需要申报的物品，记得提前在入境卡上勾选出相应类别，比如药品、食品等，在入境时从申报通道走，并向相关的工作人员说明即可。比如对携带的药品说明是应对感冒、发烧的常用药，一般都会被放行。要注意，不要携带超出数量的香烟，否则会被没收甚至罚款。如果担心语言问题，可提前将需要申报的东西放到一个袋子里，然后用纸条写好说明即可。

行走路途间 · 男 · 某公司职员 · 痴迷旅行

早就听说澳大利亚的安检比较严格，为了避免麻烦，我只带了点茶叶，还有一些平时用到的感冒药、肠胃药。为了方便检查，节省时间，我提前将那些需要申报的物品放到了一个袋子中。在接受安检时，还是挺顺利的。

逐梦者 · 男 · 自由职业者 · 渴望周游世界

经过9个多小时的飞行，终于到达了悉尼机场，然后就开始了入海关、取行李、过安检等一系列入境行程。还以为会比较顺利，但是由于赶上了入境高峰时间段，使得整个入境检查的过程耗费了一个半小时。我携带了一些必备药品，所以还将这些物品进行了申报，还好我没有带食品，看到一起下航班的很多中国人带的不少吃的都被扣了。对于不确定的物品，为了保险起见，建议还是去申报一下，免得被罚款。

PART 2

4大步骤详解出入境

Fashion · 紫陌 · 女 · 时尚编辑 · 喜爱摄影

由于澳大利亚的季节与我国的相反，所以一下飞机我就感受到了澳大利亚夏季的温暖。在出关时排了好长的队，在进行行李检查时，我特意环顾了一下四周，并没有见到检疫犬。此外，在机场内出关处我还发现了一家yes Optus店，当时还花了50澳元买了张流量2GB的手机卡。

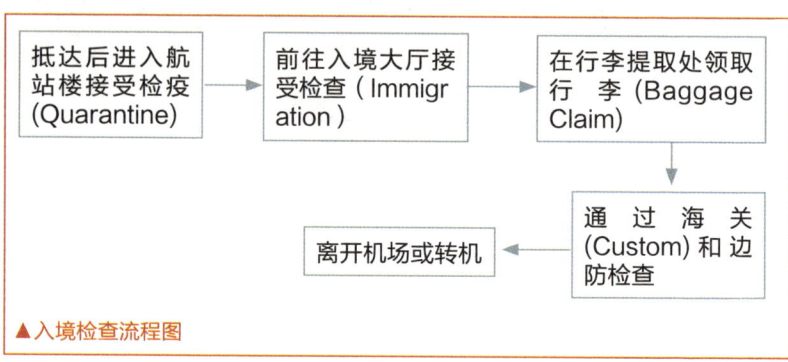

▲入境检查流程图

★ 边检过关不要紧张

在经过检疫之后，便可排队等候入境检查了。当轮到自己时，需出示护照、签证、回国机票等相关证件，以及填写完整的入境卡并接受海关的询问。他们将检查你的护照、签证和入境卡，并询问一些简单的问题，如入境目的、逗留时间等。你只需如实回答即可，如果不懂英文或无法准确表达自己的想法，可要求审查官提供中文翻译服务。检查无误后，入境官员会在你的护照上盖章并标明入境日期。

出示证件 → 询问问题 → 盖章通行

▲边检过关流程

tips

入境时最好携带邀请函、返程机票、酒店订单、旅行资费等能够证明入境目的、停留时间的相关材料，在必要时将其出示给澳移民官员。你也可从澳大利亚海关官网（www.customs.gov.au）上了解一些相关问题。

★ 行李领取不出错

领取行李

通过入境检查后，根据走道上的指示走到领取行李处，通过电脑屏幕或告示了解自己所乘航班所对应的行李资讯转盘的资讯信息。从相应的转盘上取下自己的行李后，仔细核对行李号码。附近一般都有行李手推车，之后前往海关检查。

行李遗失

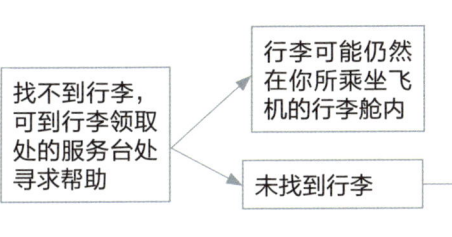

行李提取语言中英文对照	
中文	英文
行李领取处	Baggage Claim
行李寄存	Left Baggage
失物招领	Lost Property
我在何处取行李？	Where can I get my baggage？
这是我的行李票。	Here is my claim tag.
我找不到我的行李。	I can't find my baggage.
是否可麻烦紧急查询？	Could you please check it urgently？
找到行李后，请尽快送到我的酒店。	Please deliver the baggage to my hotel as soon as you've located it.

★ 海关检查不左顾右盼

无论是否带有申报物品，都需自觉排队通过海关检验。当接近海关时，会有人询问你所需申报的物品，根据不同的物品，你会被分到相应的海关检验处。在检查行李时要递上相关证件以及黄色的海关申报单，同时还有可能会再次被问到有没有携带违禁物品等问题，如实回答即可。

可能会被要求开箱检查

如果检疫官员询问并检查你的行李时，要积极配合检查，不要迟疑。在行李通过 X 光机后，检疫官员可能还会要求打开行李箱做人工检查。当检疫官员示意通过时，提行李离开即可。要注意，开箱检查一般是抽查，可能几个人里面抽一个，有食品的可能全抽。如果在行李中发现有任何禁带物品，当场会被没收。

遇到检疫犬

在海关检查时还可能遇到检疫犬，当有检疫犬对你的行李进行"嗅检"时，需要认真配合。

海关检查语言中英文对照	
中文	英文
请出示护照和申报单。	Your passport and declaration card,please.
你携带有任何酒类或香烟吗？	Do you have any liquor or cigarettes?
没有。	No,I don't.
是的，我带了两瓶威士忌酒。	Yes,I have two bottles of whisky.
请打开这个袋子。	Please open this bag.
这些东西是什么？	What are these?
这些是给朋友的礼物。	These are gifts for my friends.
你必须为这项物品缴付税金。	You'll have to pay duty on this.
这些是我私人使用的东西。	These are for my personal use.
你还有其他行李吗？	Do you have any other baggage?
请将这张申报卡交给出口处的官员。	Please give this declaration card to that officer at the exit.

tips

1 认真接受检查

在排队验关时，可选最短一行队伍排队受检，不要左顾右盼，也不要临时换行，以免被当成形迹可疑的人而遭受仔细盘查。同时还要看好自己的行李，既不要少也不要多，不要帮任何人带行李过海关。

2 集中需要申报的物品

在申报物品之前，可将需要申报的物品集中在一个行李袋中，这样可避免检查整个行李箱的麻烦，还可以节约自己的时间。

3 不要随意使用手机

在机场海关控制区域不能使用手机拨打电话，也不能拍照摄像，一经发现，会被制止通话或被要求删除照片。

★ 顺利出关

出关后,如果时间充足,可以先到机场问询处或旅游服务处看看,获取免费的市区地图、城市信息、火车或公交车时刻表等,也可以直接乘车离开机场。

出关语言中英文对照	
中文	英文
厕所	Toilet/W.C./Lavatories/Rest Room
男厕	Mens/Gents/Gentlemens
女厕	Womens/Ladys
出租车乘车点	Taxi pick-up point
租车处	Car Hire
货币兑换处	Money Exchange/Currency Exchange
旅游咨询中心在哪里?	Where is the tourist information?
是否可提供给我一份青年旅舍的目录?	Can I have a youth hostel list?
是否可给我一份城市地图?	May I have a city map?
是否有机场巴士可到市区?	Is there an airport bus to the city?
巴士站牌(出租车招呼站)在哪里?	Where is the bus stop(taxi stand)?
我可以在哪里买票?	Where can I get a ticket?
请问几点可以到那里?	Could you tell me when we get there?
乘计程车到市中心需要多少钱?	How much does it cost to the city centre by taxi?
请带我去这个地址。	Take me to this address,please.

★ 不可不知的转机常识

若选择需转机的航班,建议转机时间安排在3个小时以上。在柜台办理登机手续时,可选择"行李直挂"。

澳大利亚境外转机

如果是在韩国、日本等澳大利亚境外的国际机场转机,不用出关,也不用取托运行李,只需在机场内的限定区域停留,行李自动托运到下一趟航班。

澳大利亚境内转机

国内游客一般会选择乘飞机到达悉尼国际机场,然后再转机前往澳大利亚其他城市。接下来介绍一下在悉尼机场(以澳航为例)转机的程序。

```
┌─────────────┐      ┌─────────────────┐      ┌─────────────────┐
│ 办理入境    │ ───> │ 提取托运行李并提 │ ───> │ 沿澳航转机标   │
│ 手续        │      │ 取申报物品      │      │ 志（Transfer   │
└─────────────┘      └─────────────────┘      │ Desk）前往     │
                                               │ 楼下的转机     │
┌─────────────────────────────────────┐       │ 厅。如托运行   │
│ 搭乘澳航转机巴士，6:00～21:40 每隔  │ <──── │ 李，须在转机   │
│ 10～20 分钟发车一次。乘坐航班号在   │       │ 柜台办理托运   │
│ QF400～QF1599 的旅客，前往 3 号航站 │       │ 行李手续       │
│ 楼；航班号在 QF1600 或以上的旅客，在 3│      └─────────────────┘
│ 号航站楼沿澳航标志前往 2 号航站楼   │
└─────────────────────────────────────┘
             │
             ▼
    ┌──────────────────────┐
    │ 抵达后，在登机口候机 │
    └──────────────────────┘
┌──────────────────────────────┐
│ 澳航转机标志（Transfer Desk）│
└──────────────────────────────┘
```

▲悉尼机场澳航转机方式

★ 打电话与国内亲人联系

国际电话

从澳大利亚打电话到中国

拨打中国国内座机：国际冠码 0011+ 中国的国家代码 86+ 城市区号（前边有 0 需去掉）+ 号码，如拨打北京（区号 010）座机号：12345678，方法为：0011861012345678。

拨打中国国内手机：国际冠码 0011+ 中国的国家代码 86+ 号码，如拨打手机号：13123456789，方法为：00118613123456789。

从中国打电话到澳大利亚

拨打固定电话：国际冠码 00+ 澳大利亚的国家代码 61+ 城市区号（前边有 0 需去掉）+ 号码，如拨打悉尼（区号 02）电话：12345678，方法为：0061212345678。

拨打手机：国际冠码 00+ 澳大利亚的国家代码 61+ 号码，如拨打手机号：412345678，方法为：0061412345678。

澳大利亚国内电话互打

在澳大利亚国内打电话与在中国国内打电话一样，假如你是从悉尼市区互打，直接拨打号码就可以，而打到墨尔本，需要先加上墨尔本的区号（03），然后再拨打电话号码。

从澳大利亚打电话到中国的方法

除了使用手机拨打电话外，还可使用以下方式拨打长途电话。

1. 在澳大利亚当地购买国际电话卡

澳大利亚的机场和便利店内有很多名为 OPTUS 的地方，在那里购买可打回中国的电话卡。通常一张电话卡为 10 澳元或 50 澳元，如 10 澳元的电话卡 Hello Asia，打回中国约 0.23 元 / 分钟，很便宜。有了电话卡，便可在任何公共电话或私人座机上使用。

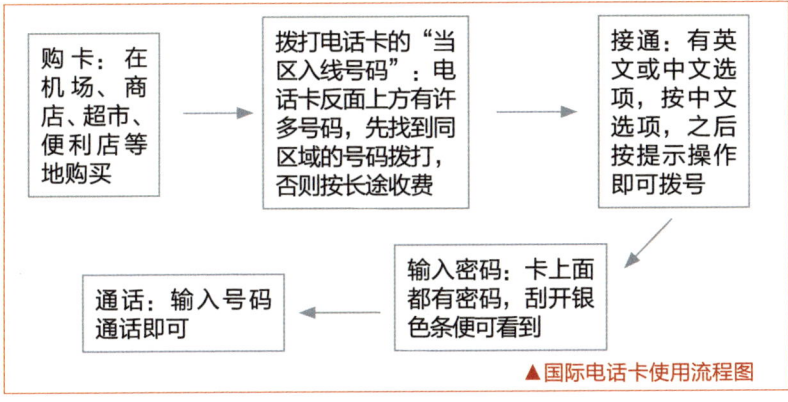

▲国际电话卡使用流程图

2. 使用旅馆内的电话

假如不想买卡，可直接在所入住的旅馆内拨打市内电话以及公共电话，不过拨打费用较贵，因而在拨打之前，需向柜台询问清楚价钱。

★ 如何适应澳大利亚时差

澳大利亚有三个时区：东部标准时间（EST）区（UTC +10，比北京快 2 小时）、中部标准时间（CST）区（UTC +9.5，比北京快 1.5 小时）、西部标准时间（WST）区（UTC +8，与北京时间相同）。

夏季从 10 月的第一个周日 2:00，到次年 4 月的第一个周日 3:00，新南威尔士、维多利亚、南澳大利亚、塔斯马尼亚、澳大利亚首都地区将实行夏令时。此时，这些地区的时间将会调快一小时。不过，昆士兰、北领地和西澳大利亚均不采用夏令时。

澳大利亚时区概况		
区域	时区	范围
东部时间	UTC +10	新南威尔士州、首都地区、维多利亚州、塔斯马尼亚州和昆士兰州
中部时间	UTC +9.5	南澳大利亚洲及北领地
西部时间	UTC +8	西澳大利亚洲

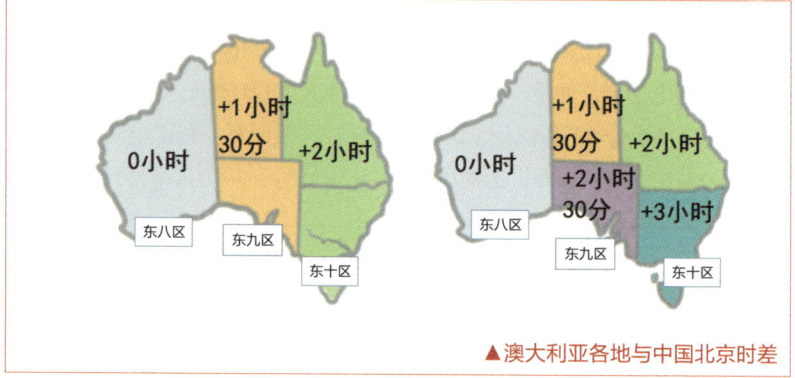

▲澳大利亚各地与中国北京时差

管家提示

如果持有效签证入境受阻，可先向相关人员如实说明入境的事由，并了解受阻原因。如果还是得不到许可，可要求与中国驻当地的使领馆联系，寻求帮助。领事官员将在了解情况之后与当局交涉。如果你感觉受到了对方不公正的对待，要注意收集和保存证据，以便日后投诉或通过法律程序处理。

NO.3 从机场前往市区

过来人经验谈

行走路途间 · 男 · 某公司职员 · 痴迷旅行

我到达悉尼机场之后，乘坐了400路公交车，在到达Rockdale之后，再转南线火车前往市区，一共用了50多分钟，花了8澳元，这要比坐火车前往市区便宜很多。但是如果你对当地不熟悉，尽量不要乘坐，我当时乘坐的时候，差点坐过站。

剪不断的山水情 · 女 · 摄影师 · 热爱生活，视角独特

从悉尼机场到市区乘坐机场专线火车比较方便，但是价格比较贵，单程往往就需要17澳元左右。如果行李比较少，并且时间充裕的话，可以选择步行到距离机场不远的Wolli Creek，在这里乘坐火车前往市区仅需3.5澳元，但需步行约15分钟。那是住在当地的朋友告诉我的方法，我上次是打车到的市中心，花了40澳元。

蓝咖啡 · 男 · 某公司总经理 · 注重旅行质量

我从墨尔本机场乘坐的是机场巴士（Skybus），花了17澳元。Skybus站点很好找，出了墨尔本机场的国内航站楼便可找到。

PART 2 — 4大步骤详解出入境

★ 乘车前往

火车：在国内旅客航站（T2 和 T3）下面或国际旅客航站（T1）乘坐，可直接前往市中心区域

机场巴士、机场快线：机场巴士需提前订票，可前往城市内各大酒店、国王十字、达令港等地；机场快线有绿色和金色两种，有多条线路运行，均为 20 分钟一班

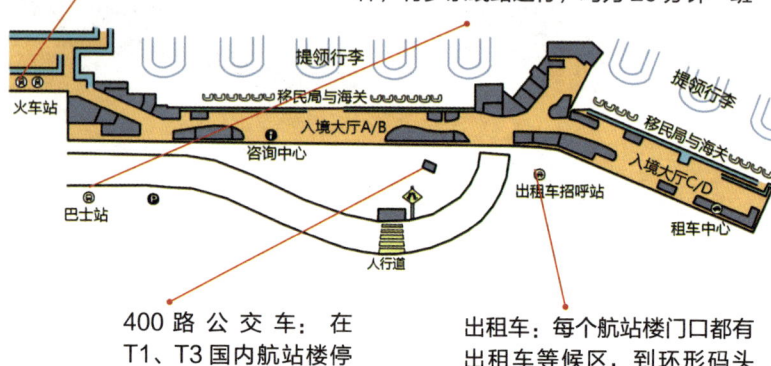

400 路公交车：在 T1、T3 国内航站楼停靠，在达大厅门口设有明显的公车站牌

出租车：每个航站楼门口都有出租车等候区，到环形码头 25～35 澳元，到悉尼北区、曼利约 60 澳元

▲悉尼国际机场平面示意图

tips

1 想要了解更多悉尼机场火车线路信息，可在 www.airportlink.com.au 上查询。

2 乘坐 400 路公交车虽然比较便宜，但是上下站没有站名提醒，如果你对悉尼不太熟悉，不建议乘坐。

出租车：墨尔本机场一层、2号航站楼（T2—国际）以及两个国内航站楼（1号航站楼—T1和3号航站楼—T3）外面均有出租车。从墨尔本机场到商业中心区（CBD）的出租车费80～85澳元

机场巴士：每隔10分钟发一趟车，票价单程16澳元，可在抵达大巴站点时购买，也可通过网站www.skybus.com.au在线购买

▲墨尔本国际机场前往市区交通示意图

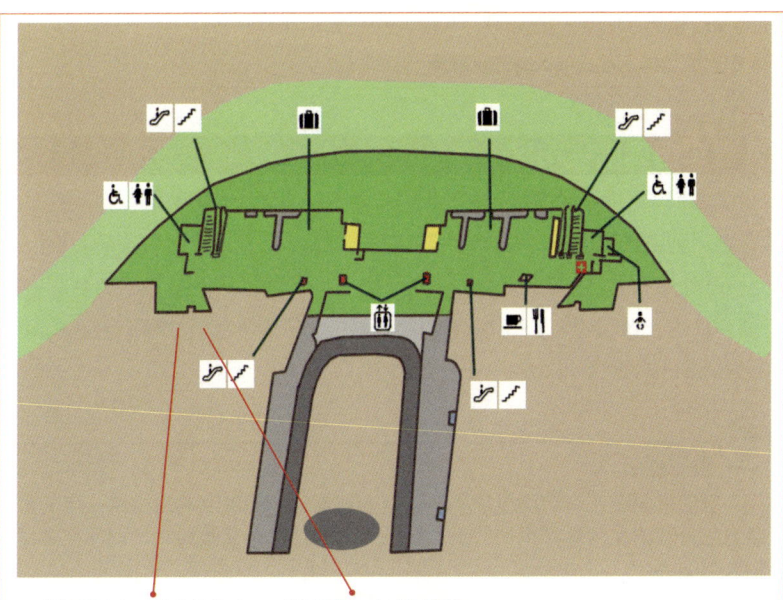

机场巴士：在城市中心地区的中转站、饭店、城市背包客住宿地、皇冠广场等地方停靠，票价7澳元，约25分钟

出租车：从机场乘出租车到市区约需10分钟，价格为15～20澳元

▲堪培拉国际机场前往市区交通示意图

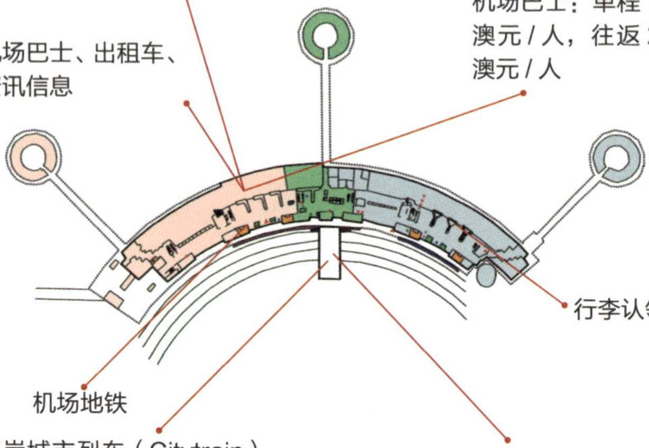
出租车：到市区需要 35 澳元左右
机场巴士：单程 14 澳元 / 人，往返 26 澳元 / 人
机场巴士、出租车、资讯信息
行李认领处
机场地铁
黄金海岸城市列车（Citytrain）：直达布里斯班城市和黄金海岸，直达城市价格 10 澳元起，直达黄金海岸价格为 18 澳元起
机场火车（Airtrain）：到市区中央火车站或罗马街火车站下车，单程 15.5 澳元

▲布里斯班机场前往市区交通示意图

★ 提车自驾前往市区

很多租车公司都在机场出口和到达大厅设有柜台，帮助乘客完成租车手续，之后到机场的停车场提车就可以开车离开。也有一些租车公司会把门市部设在机场附近，出海关后依据“Rental Car”的标志就能找到免费穿梭巴士站，基本上每家租车公司都有穿梭巴士，可以送乘客到办理柜台。相对而言，Hertz 或 Avis 公司的巴士数量较多。

管家提示

悉尼机场现在有专门供给中国游客的通道，指示牌用的是中文。可向身穿金色外套的金色服务大使或身穿红色外套的红色中文服务大使询问航站楼相关的信息。

All Other Nationalities
Baggage Claim
Australian, NZ, UK, US
ePassport
Baggage Claim

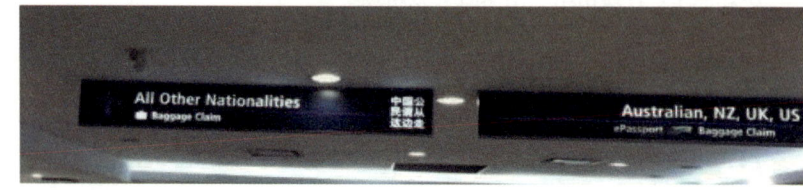

NO.4 安全离境那些事

 过来人经验谈

逐梦者・男・自由职业者・渴望周游世界

在出境的时候，竟然忘了填写出境卡，当时看到几个人低头在纸上写着什么，才想起来安检前要填写出境单，幸好没有等到到了出境窗口才想起来，不然被人叫去写可不好了。填完出境卡之后去排队拿登机牌，询问了退税点。本来想吃了早饭再去排队退税，但是工作人员告诉我退税需要排队一段时间，我也只能放弃吃饭了。果然，退税的时候，队伍移动得很慢，退完税之后，离登机只有十多分钟了，我就赶快飞奔到候机室，真是一个匆忙的离境过程啊。

 剪不断的山水情・女・摄影师・热爱生活，视角独特

在澳大利亚出境时，还需要填写一张出境卡。出境卡可以在托运行李的柜台得到，也可以在离境时取得。幸好在出境前看了一下填写范例，填写起来很顺利。填好之后交给海关，然后进行安检之后到达出境口。

 luishomecom・男・大学生・怀揣梦想，遇见生活

在离境时，尽量提前抵达机场，在换登机牌或者退税时排队时间可能会久一些。此外，机场免税店内的药品和奶粉等都比超市贵很多，比如超市25澳元的爱他美奶粉，在机场免税店则要39澳元，如果不是赶时间，不建议在机场购买这些物品。

PART 2 — 4大步骤详解出入境

★ 办理离境手续

到达机场后，应首先找到所要搭乘航班的登机处，然后带着行李排队等候办理登机手续。在办理登机手续时，你会领到登机牌和座位号。此时，你要检查航空公司工作人员是否已经将你的离境卡取下，因为澳大利亚离境不盖离境章，离境卡将证明你已经按期离境。

离境卡

进入海关后，还需在乘坐的航空公司柜台处领取并填写离境卡。

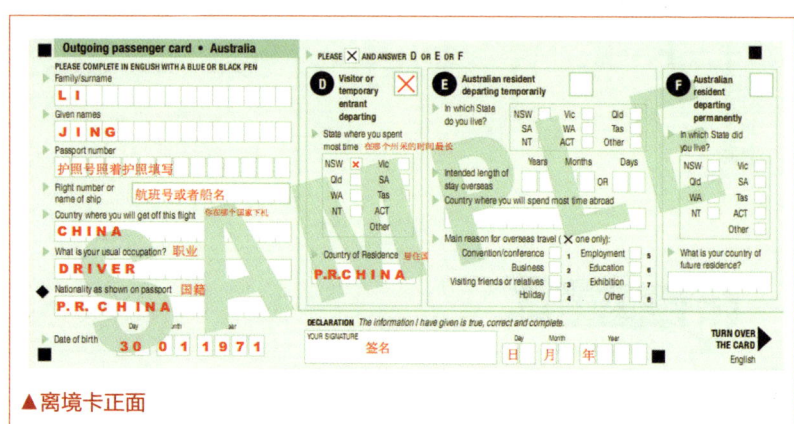

▲离境卡正面

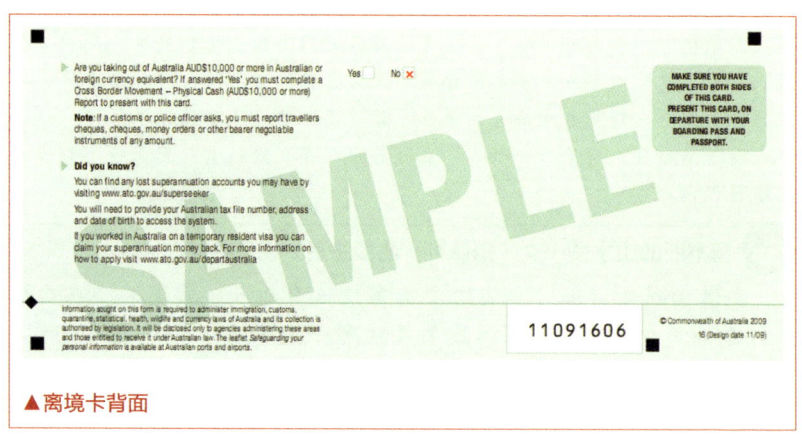

▲离境卡背面

tips

离境卡上有英文和中文版本的表格，其中中文版本为参考样本，不用填写，只需在英文版的表格上填写相应栏目即可。

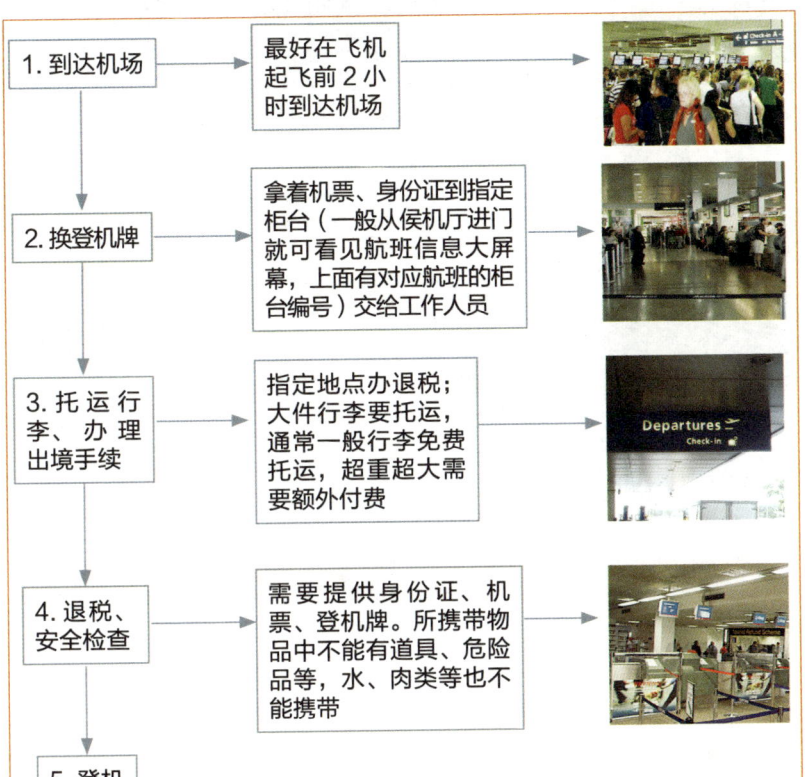

▲ 离境过程示意图

tips

办理完离境手续之后,你需要确保在飞机起飞前约 30 分钟到达登机口。在上飞机前,需要使用出境仪器登录手印及护照,这种自助式的仪器是为了留下出境旅客的记录。

★ 离境检查

机场人员可能会要求检查你的行李或询问与你所带的行李物品等相关的问题,有时还会要求你打开行李箱检查,或要你交出携带的电器和电子产品等进行检查。

管家提示

在离境时,武器、被保护动物、处方药、1万澳元以上的现金等物品也需申报。具体申报项物品可在澳大利亚海关网站上查询。在登机前,可到机场内 TRS(Tourist Refund Scheme)柜台办理退税业务,详情可参考澳大利亚海关网站。

专题：在澳大利亚如何乘公共交通工具

★ 在澳大利亚乘地铁

澳大利亚的地铁和火车并称为"城市铁路"，悉尼、墨尔本等城市都有地铁运行。在悉尼，你可使用悉尼 Mymulti 套票，可无限次乘坐地铁、城郊火车、公交车、轮渡等多种交通工具。

地铁购票流程

① **售票机购票**：售票机分按键售票机和触屏售票机两种，其中按键售票机的机身上写着站点，选择需按按键；触屏售票机直接选择即可

按键售票机　　触屏售票机

② **选择站点**：记住按键售票机上所要到达站点的编号，然后按相应号码后面的方格键

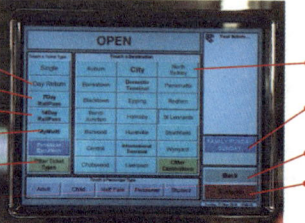

1日往返票
7日套票
14日套票
My Multi 票
其他票种

悉尼北部
家庭欢乐
周日票
返回
取消

▲ 触屏售票机的站点选择

③ 投币：投入硬币，能接受的硬币最大面值为 2 澳元

◀ 按键售票机投币口

▲ 触屏售票机的刷卡处

④ 取票与找零：取出车票，拿回找的零钱

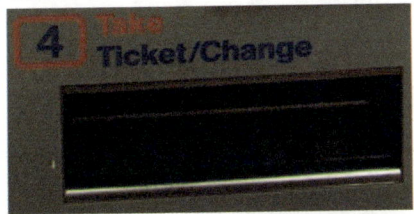

◀ 售票机取票口

tips

1 买张悉尼 Mymulti 套票

悉尼 Mymulti 套票有 3 天、5 天、7 天 3 种，可从 STA 办事处、火车站、Bus Transit Shop，以及 Sydney Ferry 位于环形码头和曼利码头的办事处，还有机场特快巴士和 Explore 公共汽车的司机处购买套票。其票价如下：

悉尼 Mymulti 套票信息			
乘客	3 天	5 天	7 天
成人	110 澳元	145 澳元	165 澳元
儿童	55 澳元	70 澳元	80 澳元
家庭	275 澳元	365 澳元	410 澳元

2 购票信息

每天 9:00 以后，可以买到非高峰期的双程票，这个票的有效期到你购票的第二天凌晨 4:00，其价格只比标准的单程票价稍高一点，非常合适，具体信息可咨询 City Rail Information Booth（电话：02-131500）。

★ 在澳大利亚乘公交车

公交车站候车 → 站牌 / 站点标志 / 澳大利亚的中学生

买票：可在便利店购买车票，如果你的英文比较好，还可以登录网站 www.sydneybuses.info 提前购买复合票，顺便能查看公交站点的相关信息。当然，有些公交车，也可以直接向司机购买车票。

乘车，可向司机询问车站信息：公交线路 / 电铃 / 下车刷卡器 / 轮椅区 / 上车刷卡器 / 危险区域

下车：澳大利亚的很多公交车都不报站，下车前要按下电铃提醒司机

▲ 在澳大利亚乘公交车流程

tips

澳大利亚的公交车分为必须提前买票和上车买票两种，一般市中心运行的主要是需提前买票的车。其中车头标有"PREPAY ONLY"字样的车必须提前买票，这种车购买单程票不太方便，因为周末时公交车的间隔时间一般是半小时，很可能买了票错过车，所以建议使用通票。

PREPAY ONLY 必须提前买票

★ 在澳大利亚乘出租车

澳大利亚出租车起步价 3 澳元，每 1 公里增加约 2 澳元。乘坐出租车一般不需要付小费，但是如果是预约出租车，通常需要支付 2 澳元手续费。在墨尔本、悉尼等城市，出租车的各项收费都会略高一点，还会加收拥堵等候的费用，一般每分钟为 0.56 澳元。此外，在 00：00 ~ 5：00 乘车会有 20% 的附加费。你可支付现金，也可刷卡结算。

tips

不要尝试随意在路上招手打车，尽量到固定的停车点上车。出租车候车站一般在宾馆饭店门前、购物中心门前、主要街道上。另外，也可打电话预约出租车，预约时需要报上自己需要乘坐出租车的时间、地点，以及你当前所在地点。

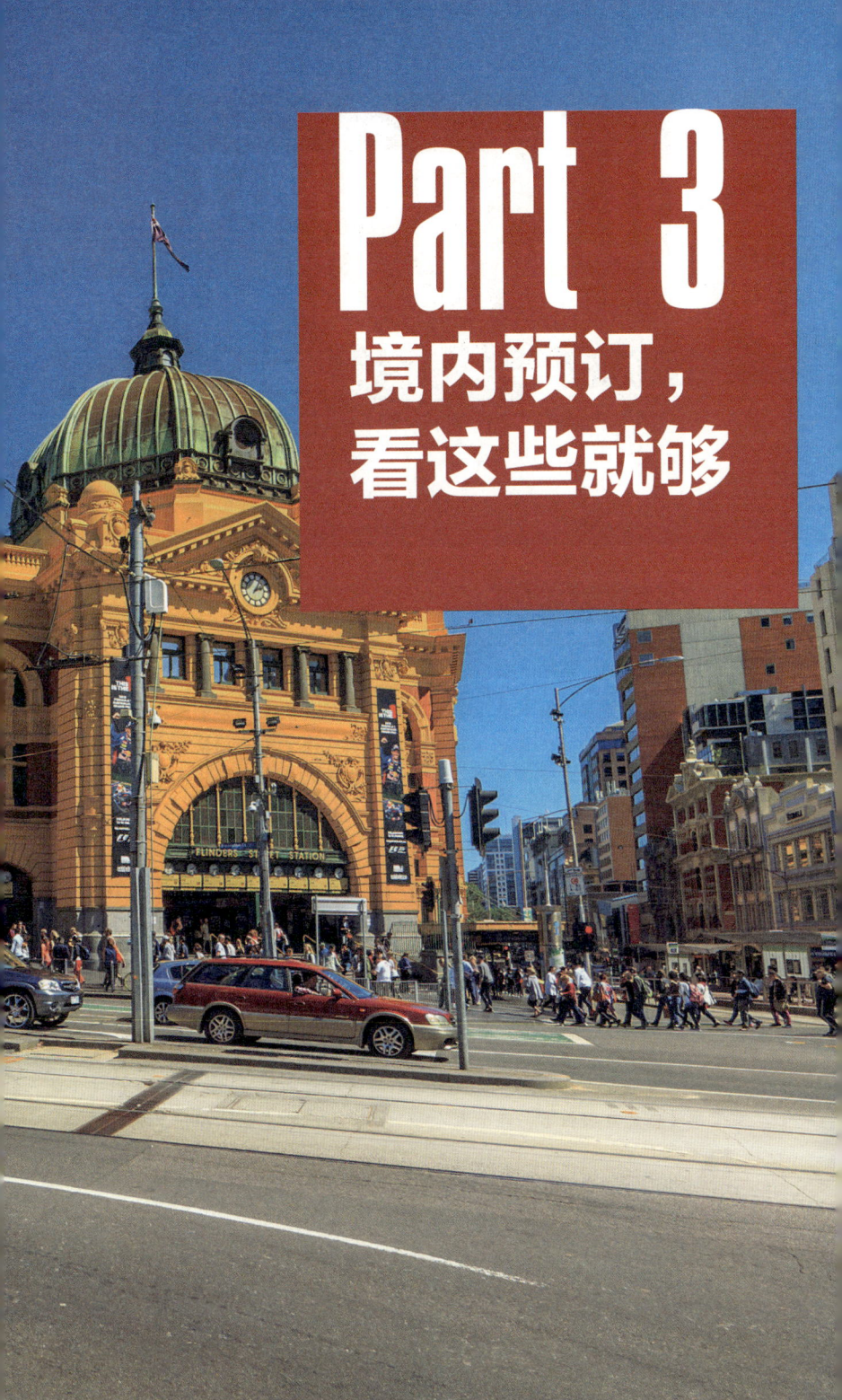

Part 3
境内预订，看这些就够

NO.1 门票预订

过来人经验谈

 Fashion·紫陌·女·时尚编辑·喜爱摄影

　　澳大利亚的多数自然景观不需要门票，但是凡要门票的景点都不会太便宜，尤其是悉尼的一些景点往往需要花费几十澳元购买门票。我提前在悉尼歌剧院的官网上预订了演出票，在到达歌剧院之后去一楼换纸质入场票就行了，还蛮方便的。

　　我虽然爱拍照，也只是在剧院外边拍了几张照片，因为在演出期间是不可以拍照的；虽然有些遗憾，但是看到精彩的演出之后，那种满足感大大超过了遗憾的感觉。我选择的是二层前排的位子，虽然舞台有的小角落看不到，但不影响观看剧情，还可以看清楚演员和舞台。

 蓝咖啡·男·某公司总经理·注重旅行质量

　　在去澳大利亚之前，我就想带孩子乘坐一次热气球，所以就在澳乐网（www.aoliday.com/p2870）上预定了一个半小时的热气球之旅。我们选择的是首班（俗称日出版），两个大人和一个孩子一共花费了690澳元。

 luishomecom·男·大学生·怀揣梦想，遇见生活

　　如果还没有预订景点门票，建议办理一张YHA卡，凭借YHA卡到很多景点都可以在预订价格基础上得到一定优惠，具体信息可参考各个景点的官方网站。总之，YHA卡还是有很多用途的。你可登录YHA澳大利亚的网站，了解各种优惠信息介绍。

龙柏考拉动物园凭借学生证可以打折，价格约为24澳元，有YHA卡也有一定折扣。如果提前在官网上预订并且打印门票，还会有额外的优惠。如果想要抱考拉拍照，可以在购买门票时额外说明，再支付18澳元的拍照费即可。

★ 能够享受优惠的卡

畅游澳大利亚的优惠套票推荐			
名称	简介	参考价格	预订网站
悉尼著名景点套票	包括悉尼水族馆、悉尼野生动物园、悉尼塔、悉尼杜莎夫人蜡像馆、曼利海洋生物保护区	成人69澳元，未成年人（3～16岁）39澳元，家庭（4人）195澳元	www.sydneyaquarium.com.au/news/sydney-attraction-pass-offer
墨尔本水族馆+尤利卡88层观景台	包括墨尔本水族馆和尤利卡观景台	成人40澳元，未成年人（3～16岁）25澳元	www.aoliday.com/p5642

畅游澳大利亚的优惠卡推荐			
名称	简介	参考价格	预订网站
Premium Merlin Annual Pass	全年可无限次游览包括澳大利亚新南威尔士州（悉尼水族馆、悉尼野生动物园、悉尼杜莎夫人蜡像馆、悉尼塔、曼利海洋生物保护区、Illawarra Fly Treetop Adventures）、维多利亚州（墨尔本水族馆、奥特威树尖之旅）、昆士兰州（汉密尔顿岛野生动物园、Mooloolaba海底动物世界）和新西兰奥克兰（凯利塔顿海底世界）的11个景点	成人85澳元，儿童60澳元，4家庭（最多2个成人）195澳元	merlinannualpass.com.au

tips

持优惠卡或套票换票时，不要忘记拿张地图以及时刻表，以作为自己行程的参考。

PART 3 境内预订，看这些就够

★ 图解门票预订流程

澳大利亚的热门景点较多，在去之前建议提前订票或买票，这样可以省去到现场排队的麻烦，还有些热门景点门票如果不提前预订，现场很难买到。

澳大利亚热门景点信息	
名称	网址
悉尼歌剧院	www.sydneyoperahouse.com
岩石区	www.therocks.com
达令港	www.darlingharbour.com
悉尼塔	www.sydneytowereye.com.au
悉尼水族馆	www.sydneyaquarium.com.au
考拉公园保护区	www.koalaparksanctuary.com.au

❶ 登录悉尼水族馆官网，点"Tickets"开始订票

❷ 出现各种票的信息，有单一的门票信息以及各种套票信息，可选择一种，然后点"Buy and Save"。下边是以单一门票预订为例介绍

门票类型　原价　在线价格　节省价格

- 16岁以上成人
- 4～15岁未成年人
- 新南威尔士州学生或长者
- 4人的家庭（最多2名成人）

❸ 根据要求完成选择，点"CONTINUE"

选择人数

④ 选择游览日期和相应的游览时间段

⑤ 看到所选票的信息，并有附加选项，如需要可选择，不需要就点"CHECKOUT"

总计　　　　　　　　　　　　　　　　　添加更多

付款方式

⑥ 按要求填写信用卡及持卡人信息，点"CONTINUE"进入"Summary"选项，完成最终预订

个人信息　性别　名字　　　选择国家　　　　付费地址

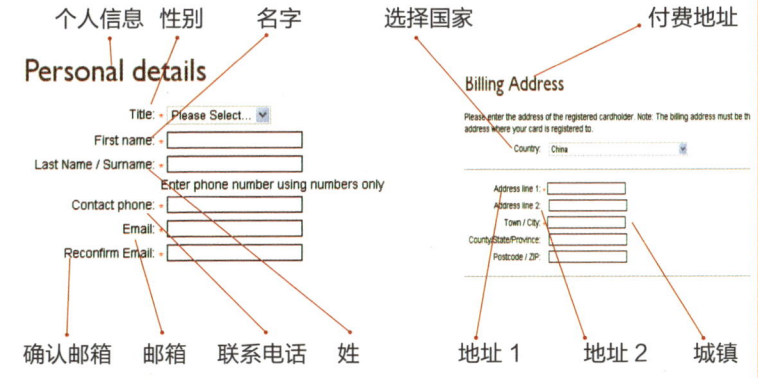

确认邮箱　邮箱　联系电话　姓　　地址1　地址2　城镇

管家提示

在网上预订门票时，要看清楚预订的每个步骤，有的附加项要看清楚。如果对自己的行程不确定，则需到售票处预订，一般售票处都写有"ticket office"标志，寻找起来也很容易。

NO.2 巴士预订

过来人经验谈

剪不断的山水情·女·摄影师·热爱生活，视角独特

我怕到当地再买巴士票会自乱阵脚，就计划从灰狗巴士网站上预订门票。可是由于英文不太好，对于英文网站简直是无从下手，我就先从携程上查了一下。

luishomecom·男·大学生·怀揣梦想，遇见生活

大巴是澳大利亚一种主要的交通工具，主要的大巴公司有灰狗巴士和Murrays巴士。建议在官网（灰狗巴士www.greyhound.com.au；Murrays巴士www.murrays.com.au/default.aspx）上订购。此外，如果持有国际青年旅舍会员卡，还能获得优惠票价。乘坐大巴时，尽量提前10分钟以上抵达指定候车点，然后按现场工作人员发给你的号码就座。我选择的是悉尼和堪培拉的往返灰狗巴士，单程约需3个半小时，票价25澳元，比机票和火车便宜很多。

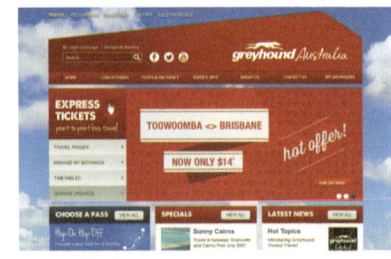

★ 灰狗巴士路线

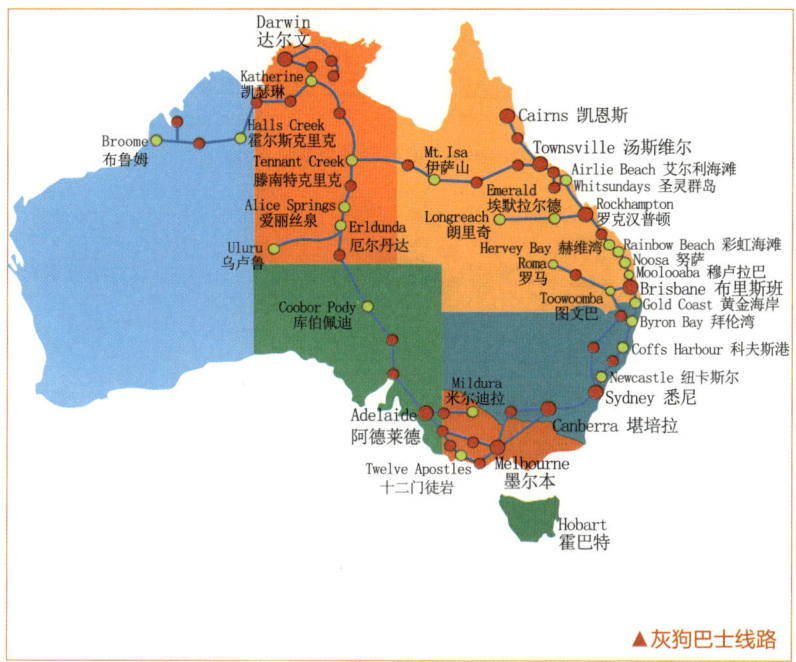

▲灰狗巴士线路

★ 灰狗巴士通票种类

灰狗巴士通票信息		
通票名称	介绍	票价
Aussie 探索套票（Explorer Pass）	这是单程单方向的套票，有 20 多种行程路线可供选择，可以自由选择旅行路线和停留时间的长短，有些路线还提供卡卡杜国家公园、艾尔斯岩的观光行程或者接送服务	票价根据路程而有所不同
里程套票（Kilometre Pass）	根据乘车距离确定价格的套票，从 1000 公里～25 000 公里，有效期为一年，可无限次前往任何地方	1000 公里 189 澳元，5000 公里 785 澳元
数日套票（Multi Day Pass）	在开始试用的日期内，一定期限内无限次乘坐，里程数固定，分为 3 天（1000 公里）、5 天（1500 公里）、7 天（2000 公里）、10 天（3000 公里）、20 天、30 天 6 种	—

tips

携带 YHA 卡、ISIC 卡、VIP Backpackers 卡、Nomads 卡、Roam Free 卡等，便可享受优惠，在购巴士票时出示证明即可。

1 在 www.greyhound.com.au 上填写车票信息

2 根据搜索结果，选择车次

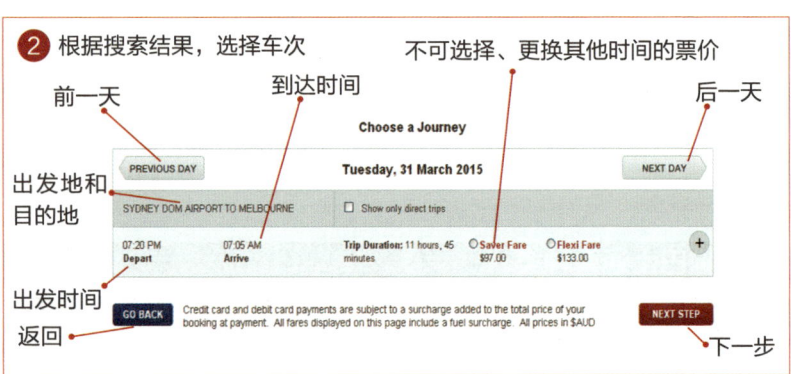

3 填写乘客信息，核对信息内容

④ 完成支付

信用卡背面的 CCV 码（也叫末三码）
卡号
到期时间
Card Number *
Expiry *
January
2015
CCV *
MAKE PAYMENT
Booking Fare: $103.00
Credit Card Surcharge: $2.68
Other Items: $1.00
Fuel Surcharge: $30.00
Total Fare: $136.68
MasterCard
VISA
完成支付

▲网上购买灰狗巴士票流程

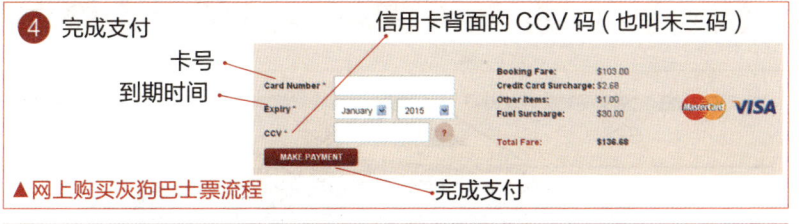

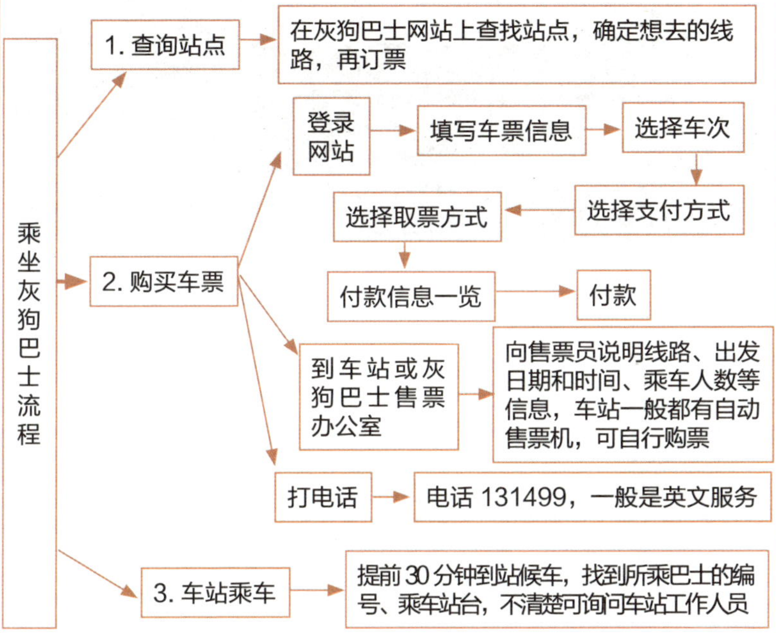

乘坐灰狗巴士流程
1. 查询站点
在灰狗巴士网站上查找站点，确定想去的线路，再订票
2. 购买车票
登录网站
填写车票信息
选择车次
选择支付方式
选择取票方式
付款信息一览
付款
到车站或灰狗巴士售票办公室
向售票员说明线路、出发日期和时间、乘车人数等信息，车站一般都有自动售票机，可自行购票
打电话
电话 131499，一般是英文服务
3. 车站乘车
提前 30 分钟到站候车，找到所乘巴士的编号、乘车站台，不清楚可询问车站工作人员

▲乘坐灰狗巴士流程

tips

1 在长途汽车站购买车票要比在网上预订优惠一些，通常在长途汽车站的售票窗口前都有班次表（Coach Departures），可直接告诉售票员你的目的地和出发时间，如果英语不好可直接指着上面表格中的英文地名，说“here to here”。

2 到达车站后，先去车站的班次表前确认发车信息，上方的电子显示屏上会显示出发车时间、班车编号、乘车口（Gate）、目的地等，你可以拿着自己的车票核对这些信息，找到相应的乘车口，然后候车进站。

★ 灰狗巴士外观一览

灰狗公司官网

灰狗公司标志

▲澳大利亚灰狗长途巴士

 管家提示

1. 澳大利亚灰狗长途巴士公司规定每人限带两件行李，且每件行李不得超过 20 千克，如果携带行李超过两件需另加费用。乘坐长途巴士可以随身携带自行车和冲浪板，自行车收费根据其是否可折叠而定，冲浪板每个收费 15 澳元；禁止携带物品包括易燃品、弹药等任何危险物品，同时禁止携带宠物。

2. 乘坐长途巴士时，为了缓解旅途的劳累和避免受凉，可携带一件外衣或薄毛毯。长途巴士通常会在中途停下来休息，在停靠时需确认好巴士出发的时间和所停靠的位置，以免耽误自己的行程，也可在上车时告诉司机让其提醒你下车。

NO.3 火车票预订

过来人经验谈

luishomecom · 男 · 大学生 · 怀揣梦想，遇见生活

澳大利亚的火车和国内的地铁差不多，主要连接着城区和城郊，以及两个相近的城市的交通，通常可以使用各个州通用的交通卡。我从黄金海岸到布里斯班选择的交通工具就是火车，价格为12澳元，时间为一个半小时。

行走路途间 · 男 · 某公司职员 · 痴迷旅行

为了更多地观赏澳大利亚的风景，我提前在网上购买了从达尔文到爱丽丝泉的廿号列车火车票。后来由于修改了旅行路线，打算退票，但是发现在出发前7～42天退票将被扣除票面50%的费用，想想要损失掉几百澳元，我只能放弃改变路线的想法了。不过，幸好没有改变路线，不然我就看不到那样令我终生难忘的美景了。

PART 3 境内预订，看这些就够

★ 获取搭乘火车的技能

Step1：找到火车站

火车站为蓝底黄色标志，印有轨道图案，横线下边还会标有地名

Step2：车站或网上购票

车站购票 / 网上购票

澳大利亚每个火车站都有售票处，进入大门，可轻易找到检票的闸机、售票处（Tickets）

可随时随地打印电子车票，或只需向乘务员出示智能手机/平板电脑屏幕上的电子车票

Step3：车站乘车

物品检查 / 候车厅候车 / 检票上车

进站口有专业的安检机器，行李放上面检查完毕即可进站

寻找搭乘火车的候车厅和入口，按照车票上的指示候车

注意广播和电子显示屏的提示，车到了开始检票，检票完毕，进站台后核对自己的车票信息，如你买的票是豪华车厢还是经济车厢，车上的座位号等

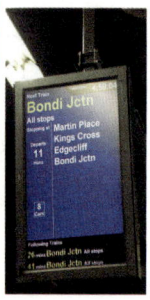
▲站台

Step4：到站下车

下车后可跟着 Way out 指示找到出口，大型的火车站会有多个通往不同道路的出口，要看清楚出口方向和要前往的街道后再出站

tips

1. 在选择目的地的界面上，车站名称按照字母顺序排列。如果是在悉尼购买市区环线车票的话，可在选择 City 后，选择市区环线的各站，Wynyard、市政厅（Town Hall）、市中心（Central）、环形码头（Circular Quay）、马丁广场（Martin Place）、圣詹姆斯博物馆（St James Museum）或英皇十字区（Kings Cross）等。

2. 自动售票机接受的纸币面值为 5 澳元、10 澳元、20 澳元、50 澳元，硬币面值为 10 分、20 分、50 分、1 澳元、2 澳元，有些售票机还可以用卡支付。

3. 在进出车站闸口时，需选择有绿灯指示的闸口进入，将车票放进打卡机即可。一些小型的车站没有设置进出站闸口，但是也不要试图逃票，否则会被处以高额罚款。

刷票进站

4. 在夜间乘车时，车站人流量较少，要格外注意安全。可选择标示有"Nightsafe Area"的月台候车，在这里遇到紧急情况时可随时求救。

★ 畅行澳大利亚的火车线路

▲ 澳大利亚火车线路示意图

火车主要运行路线			
区域	列车名称	途经站名（中英文名称）	
1 环澳	印度洋—太平洋火车（Indian Pacific）	珀斯（Perth）—卡尔古利（Kalgoorlie）—库克（Cook）—塔库拉（Tarcoola）—奥古斯塔港（Port Augusta）—阿德莱德（Adelaide）—布罗肯希尔（Broken Hill）—悉尼（Sydney）	
	甘号火车（The Ghan）	达尔文（Darwin）—凯瑟琳（Katherine）—腾南特克里克（Tenant Creek）—爱丽丝泉（Alice Springs）—塔库拉（Tarcoola）—奥古斯塔港（Port Augusta）—阿德莱德（Adelaide）	
2 西澳	Australind	珀斯（Perth）—班伯里（Bunbury）	
	AvonLink	珀斯（Perth）—诺瑟姆（Northam）	
	MerredinLink	珀斯（Perth）—梅里登（Merredin）	
	Prospector	珀斯（Perth）—卡尔古利（Kalgoorlie）	
5 昆士兰州	Gulflander	诺曼顿（Normanton）—克罗伊登（Croydon）	
	The Inlander	汤斯维尔（Townsville）—伊萨山（Mount Isa）	

续表

区域	列车名称	途经站名
5 昆士兰州	Kuranda Scenic Railway	凯恩斯（Cairns）—库兰达（Kuranda）
	Savanna hlander	凯恩斯（Cairns）—福赛斯（Forsayth）
	Spirit of the Outback	布里斯班（Brisbane）—罗克汉普顿（Rockhampton）—朗里奇（Longreach）
	The Sunlander /Tilt Train	凯恩斯（Cairns）—汤斯维尔（Townsville）—普洛瑟派恩（Proserpine）—麦凯（Mackay）—罗克汉普顿（Rockhampton）—格拉德斯通（Gladstone）—哈维湾（Hervey Bay）
	The Westlander	布里斯班（Brisbane）—查尔维尔（Charleville）
6 新南威尔士州和首都地区	XPLORER	阿米代尔（Armidale）、塔姆沃思（Tamworth）、悉尼（Sydney）、库塔曼德拉（Cootamundra）、利顿（Leeton）、格里菲斯（Griffith）、布罗肯希尔（Broken Hill）
7 维多利亚州	The Overland	阿德莱德（Adelaide）—墨尔本（Melbourne）

★ **能够享受优惠的套票**

澳大利亚火车套票			
套票名称	有效期限	使用权限	票价
澳大利亚铁路套票（Austrail Pass）	有14天、21天、30天、60天和90天等数种	在有效时间内不限次数搭乘任何火车（包括市内公交火车）	据天数不同而不同，例如：14天的经济座大约500澳元
澳大利亚铁路纵横套票（Austrail Flexi Pess）	有60天、90天等选择	在有效期内可任意乘坐火车	60天的经济座大约600澳元

续表

套票名称	有效期限	使用权限	票价
袋鼠公路和火车套票（Kangaroo Road & Rail Pass）	有14天、21天、28天等数种选择	在有效时间内不限次数搭乘任何火车和澳大利亚长途汽车公司（Australian Coach lines）的任何汽车	—
火车探险之旅套票（Rail Explorer Pass）	三个月或六个月	无限次乘坐不同的火车，可往返于悉尼、墨尔本、阿德莱德、珀斯、爱丽斯泉、凯瑟琳和达尔文等地间	3个月的约500澳元，6个月的约900澳元，从一个城市到另外一个城市，要征收15～30澳元不等的燃油税
家庭周末游玩套票（Family Funday Sunday）	周末	当天可任意乘坐包括火车、公交车、轨道交通、轮船在内的公共交通工具	2.5澳元/人，要求至少一个大人和一个小孩（不超过15岁），3岁（包含3岁）以下儿童免费

tips

如果行程安排得比较密集，需要多次乘坐火车往返，或者需要往返于较远的城镇之间，建议购买套票。例如需要往返于比较远的城市，购买火车套票要比购买机票和汽车票省很多钱。如果游览的目的地集中在悉尼及其周边少数城市，且乘坐公交车、地铁之类的交通工具的次数总额不超过优惠票的价格，则购买次数票即可。

★ 图解火车票预订流程

澳大利亚火车网上购票流程

以大南方火车公司的网站 www.greatsouthernrail.com.au/site/home.jsp 为例，详细解析在这个网站的订票过程。

① 输入网址，选择自己想要的路线

填写完成，点击"FIND FARES"找到票价

甘号火车

印第安—太平洋号火车

日期，点开后面的日历图标：画了短红线的红数字是表示这个日期不发车；跟年月一样为紫色的数字是可以订票的日期，按照自己的行程进行选择

火车票预订常用语中英文对照				
英文	中文	英文	中文
Adults	成年人	Concessions	优惠票
Children	儿童		
Backpacker	背包客	Infants	婴幼儿
M=Mon.=Monday	星期一	T=Tues.=Tuesday	星期二（M后的T）
W=Wed.=Wednesday	星期三	T=Thur.=Thursday	星期四（W后的T）
F=Fri.=Friday	星期五	S=Sat.=Saturday	星期六（M前的S）

PART 3

境内预订，看这些就够

续表

英文	中文	英文	中文
S=Sun.=Sunday	星期日（F 后的 S）	Hotels	旅馆
Tours	旅游	Multiple Journeys	多个旅程
Rail	铁路	Holidays	假期
One-way	单程	Return	往返
Departure	起始地	Arrival	到达地
FIND FARES	查找票价	MY booking	我的票

② 查看票面的基本信息

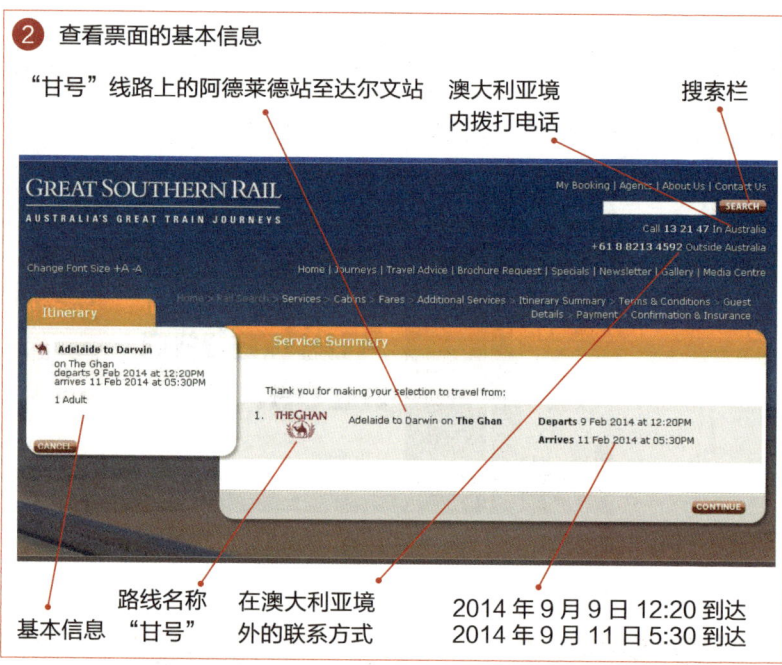

"甘号"线路上的阿德莱德站至达尔文站
澳大利亚境内拨打电话
搜索栏
基本信息
路线名称 "甘号"
在澳大利亚境外的联系方式
2014 年 9 月 9 日 12:20 到达
2014 年 9 月 11 日 5:30 到达

③ 选择客舱

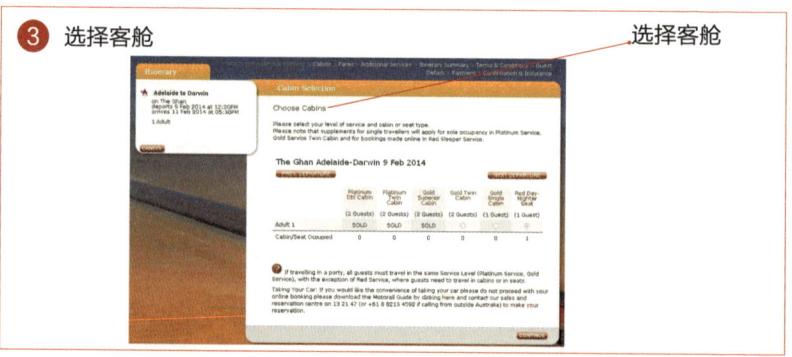

选择客舱

tips

有 6 组红色的客舱可供选择，越靠前，票价越高：Cabin 有小客舱加卧铺，Seat 是座位。

④ 选择价格
Choose Your Fare 选择价格

⑤ 选择附加服务
总价　Additional Service 附加服务

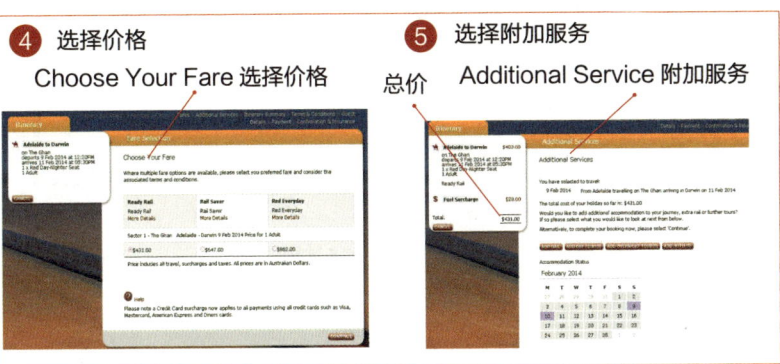

tips

这是自选项目，如果需要增加额外预订信息，可以选择下面的几个红色按键：Add Rail 增加火车；Add Day Tour 添加白天的旅程；Add Overnight Tour 添加隔夜的旅程；Add Hotel 增加预定旅馆。

⑥ 查看在线预订相关条款，然后付款即可

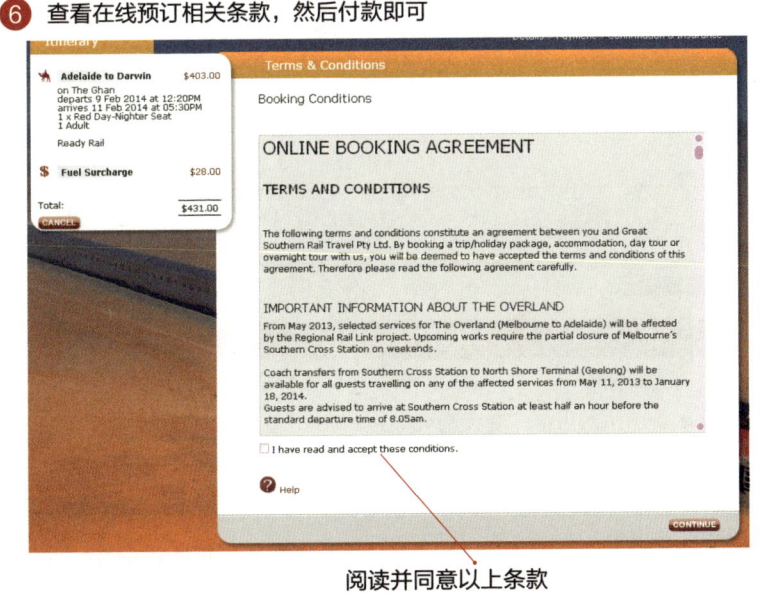

阅读并同意以上条款

❼ 填写详细的个人信息

我已阅读并同意这些条款（勾选之后，点击下方的"CONTINUE"，会出现地址信息填写）

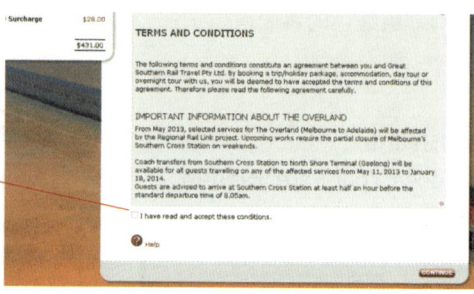

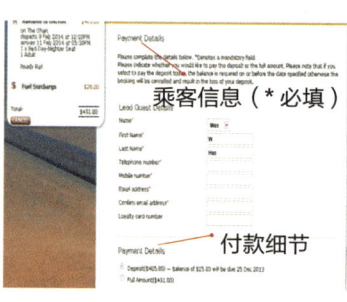

乘客信息（＊必填）

付款细节

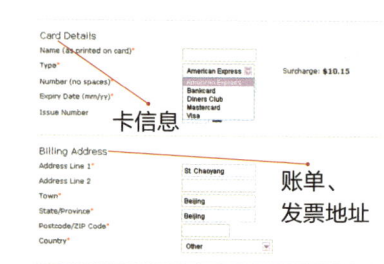

卡信息

账单、发票地址

紧急联系人详情

管家提示

其他订票网站推荐	
订票网站	介绍
www.countrylink.info	澳大利亚 coutrylink（国联火车公司）的官方网站
cn.rail.cc	中文版的欧洲火车通票订票网
www.aubest.com/dp/dp-3.htm	一家可以预订火车、轮船、长途汽车的网站

NO.4 机票预订

过来人经验谈

逐梦者·男·自由职业者·渴望周游世界

办完签证后,我就着手机票预订了。预订了上海往返悉尼的机票,其中包括行李托运加就餐。关于澳大利亚国内的机票,我看不少攻略推荐虎航和捷星,就在其官网上看了下,虽然票价比较便宜,但是不包括托运行李。后来我从LP上看到了维珍蓝(Virgin Blue),从其官网上购买了含行李托运的机票。

行走路途间·男·某公司职员·痴迷旅行

我本来打算从澳大利亚当地最大的航空公司澳洲航空公司(Qantas)上预订机票,但是听朋友讲那个网站的机票比较贵,而且用人民币支付要比用澳元贵一些,于是我就直接在携程上预订了。

luishomecom·男·大学生·怀揣梦想,遇见生活

对于航空公司的选择:从国内往返澳大利亚,北京、上海、广州、成都都有直飞澳大利亚的航班,其中广东的游客还可以选择从香港往返澳大利亚;从其他城市出发的乘客则需在上述城市中转,对于不想长时间乘坐飞机的北方城市的旅客来说,选择在广州、香港中转是不错的选择。在选择航班直飞机型时,建议选择A380或者B787,也不要忘记提前在航空公司官网或者是通过电话选择靠近过道的位置,这样你的活动空间会多一些。如果是廉航的话,一般选择A320等小型机或者是中型机,这种机型虽然价格比较实惠,但是相对而言舒适度要低一些。澳大利亚的国内航空公司按舒适度(其实也是价格)从高到低依次是澳洲航空、维珍澳大利亚(Virgin

PART 3 境内预订,看这些就够

Australia）、捷星（Jetstar）以及虎航（Tigerair），后两者相差不大，虎航略便宜。通常廉价航空机票不包含托运行李与机上餐饮，如果有需要必须额外购买，但是在机场临时购买相关服务收费很高。值得注意的是，如果在墨尔本停靠，建议不要选择乘坐捷星航空公司，因为该公司运行的飞机起降的机场是距离市区很远的阿瓦隆机场，并非大多数航空公司航班降落的墨尔本机场（Tullamarine Airport）。

无论是国际机票，还是国内机票，预订时间都是越早越好，尤其是廉价航空，一旦确定行程之后就一定要尽早预订机票。

★ 澳大利亚常用的热门机票预订网

澳洲航空（Qantas）是澳大利亚最大的国内航空公司，你可在其网站或者以下推荐的网站上购买当地机票。你可在机票比价网 iwantthatflight.com.au 上，对比 Qantas、Virgin Blue、Tiger、Jetstar、Skywest 这5家航空公司的机票价格。

澳大利亚常用的热门机票预订网		
名称	网址	特色
澳洲航空（Qantas）	www.qantas.com.au	澳大利亚最大的航空公司，价格稍贵，但是线路齐全，有时也会推出一些特价机票
维珍蓝航空（Virgin Blue）	www.virginaustralia.com/au/en	提供澳洲及新西兰境内廉价机票，价格比较便宜，线路也比较多
捷星航空（Jetstar）	www.jetstar.com/cn/zh	澳大利亚、新西兰廉价航空，价格比 Virgin 要便宜，但是线路比较少，很容易被抢购一空
老虎航空（Tiger）	www.tigerairways.com	提供东南亚及澳洲境内的廉价机票
西澳航空（Skywest）	www.skywest.com.au	仅提供西澳地区的廉价航空

tips

澳航经济舱所携带行李限额是1件行李不超过23千克；维珍蓝规定手提行李两小件总重量不得超过7千克，如果你购买的是 Saver Lite 的票，则需另购行李票或者到柜台额外购买行李票，而 Saver 类型的机票，则包含行李23千克，如果你携带的行李比较多，选这种类型比较合适。此外，还要注意，捷星的行李票通常在订票确定后的24小时内购买价格最便宜，超过了时间价格往往会贵1/3，到柜台就更贵了。

★ 澳大利亚境内机票预订

网站机票预订流程

澳大利亚的机票预订网站一般都有中文网，下边就以 Tiger 为例，介绍网站订票的具体流程。

1 进入官网 www.tigerairways.com，在"Flight"下填写出发地和目的地以及往返日期等信息

2 选择航班，点击"Continue"此处进入下一步

③ 确认航班，按要求填写乘机人信息、行李等，点击"Continue"完成支付

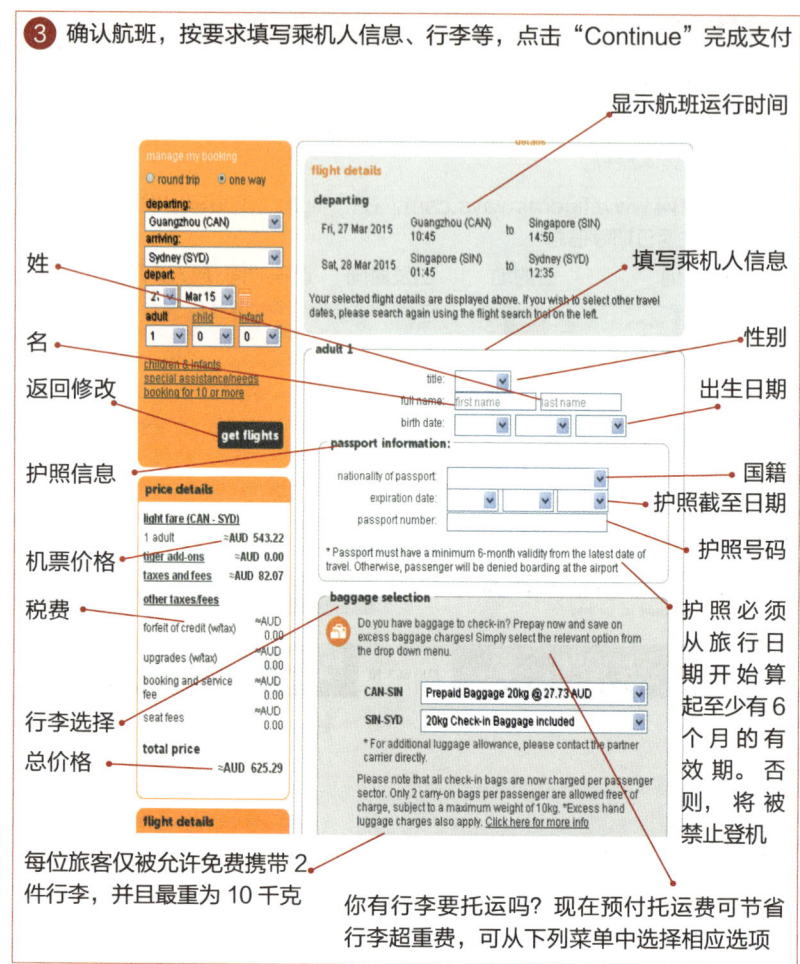

④ 进行支付后，提交付款即可

管家提示

　　建议在入境前购买好境内段飞机票，这样优惠幅度更高一些；注意在用非澳元的信用卡在网上支付费用时，会被额外收取2%的换汇手续费，因而你可到中行或平安银行办理一张澳元信用卡。此外，网上订票会收取手续费，最低舱和sale类型的机票不能退票，所以在订票时一定要看清楚，以免为之后修改带来麻烦。
　　廉价航空有时候会出现航班取消、更改航班时间或者航班延误的情况，一定要密切关注预订机票时所留下的电子邮箱账户。还要提前打印机票行程单，前往机场办理值机手续时随身携带。

NO.5 旅行团预订

 过来人经验谈

 剪不断的山水情 · 女 · 摄影师 · 热爱生活，视角独特

　　第一次去澳大利亚的时候，刚开始一直在纠结是跟团游还是自由行，在考虑了各种利弊之后，我选择了跟团游。主要原因是想着带爸妈一起去那么远的地方玩，老妈身体不太好，我的英语水平又一般，万一老妈在那里生病去医院，复杂的医疗词汇我可应付不来。确实，跟团游省心多了，比如往返机票、住宿、吃饭都不用操心。事实证明，我们的吃住还不错，看来报大型旅行社确实有保障。每到一个地方就有地接导游讲解，让我们充分了解了当地风情，爸妈都玩得很开心。

 luishomecom · 男 · 大学生 · 怀揣梦想，遇见生活

　　如果想参加一些短途周边游，比如去墨尔本大洋路，可以在自由行基础上选择当地的一日游旅行团。我参加的是宏城旅行社（*Grandcity Tour*）的一日游，周末特价39澳元，平时都是69澳元。可提前一天在墨尔本预订，也可提前在旅行社在其他城市的网点（比如悉尼的中央车站旁）处报名。但是我感觉一天的行程还是有些紧张，在车上待的时间有点长，不过沿途风景还是很漂亮的。如果时间、经济条件允许，可以考虑一下两日游。

 Fashion 紫陌 · 女 · 时尚编辑 · 喜爱摄影

　　去大洋路游玩，有很多团可供选择，我在澳乐网预订的是 *Go West* 一日游的旅行团，包含酒店接送和午餐。如果时间充裕还可选择两日游，这样游

PART 3 境内预订，看这些就够

览起来内容更丰富一些，还可以仔细观看十二门徒风光。此外，还有中文团，价格虽然便宜，但是好像不含餐点。

★ 在澳大利亚怎样报团

通常在到达当地入住的酒店后，在酒店大堂中会看到有着各种旅游信息的小册子，上面会有当地旅行社的详细介绍；同时也可在大堂柜台处让酒店的服务人员向你推荐或帮助你用电话预订。此外，在悉尼、墨尔本的唐人街上，也能找到很多华人旅行社。

★ 澳大利亚知名地接社

澳大利亚当地有众多旅行社可供选择，你可根据你的个人需求，寻找适合自己，且性价比较高的专业旅行社。

澳大利亚知名地接社推荐			
名称	特色	电话	网址
澳中国际旅行社	具备良好口碑，可让你体验不一样的优质服务	0731-82286643	azly.qiyegu.com
见闻国际旅行社	提供多方位的旅游服务，并对顾客有高度保障	02-9212 2266	www.cyctravel.com.au
澳洲华人旅游网	结合澳洲当地活动，推出各种旅游节目"体验"	4000-400938	www.jjtravelservices.com
长青旅行社	提供全方位、多功能旅游服务的国际性华人旅游公司	03-96239900	www.extragreen.com.au/cn
宏城旅行社	澳大利亚最大的华人旅行服务公司，提供旅游度假、机票预订、酒店预订、旅游资讯等全方位服务	03-96299898	www.grandcitytours.com/cn/
长城旅行社	提供可供游客挑选著名航空公司廉价机票的机票订购系统	03-99824888	www.odysseytravel.com

★ 跟团游经典线路

名称	线路	参考价格（澳元）
一日游	悉尼—堪培拉	35
	墨尔本大洋路	45
	悉尼猎人谷酒庄	130
	黄金海岸	39
三日游	悉尼（海港大桥、鱼市场、歌剧院、蓝山、史蒂芬港等）	309
	塔斯马尼亚	460
	阿德莱德—袋鼠岛	630
三天两夜	大堡礁—艾尔利海滩	319
八日自由行	大堡礁—布里斯班—黄金海岸—墨尔本	1595
五大名城九日游	悉尼（蓝山）—凯恩斯（土著园、库兰达、大堡礁）—布里斯班—黄金海岸—墨尔本	3050

管家提示

在选择旅行社时一定要多了解几家旅行社，多做些咨询和调查，并且要选择正规的旅行社，不要轻信便宜的旅游广告，以免损害自己的利益。应着重鉴别行程安排是否合理；明确费用内容和质量，同时要注意出行返回时间、交通工具、住宿、用餐、有无全程导游、有无购物安排、旅行社是否已购买旅行社责任险等细节。

Part 4

吃货教你吃"澳"餐

NO.1 澳大利亚有什么好吃的

过来人经验谈

 剪不断的山水情·女·摄影师·热爱生活，视角独特

我在悉尼塔游玩，在塔顶俯瞰整个悉尼市美景后，感觉还是不满足，所以就义无反顾地来到了塔顶的旋转餐厅，那里提供的自助餐点真是丰富呀，有各种肉类食物，中午来这里吃饭的人相对晚上要少一些，这使得我拥有了一段悠闲的午餐时光。到了晚上我悠闲地一路逛到了唐人街，记得上次跟爸妈来的时候，在唐人街吃了一顿让人失望的晚餐，所以我这次没有到餐馆中吃饭，只在外边买了点小吃，味道还不错啦。

 蓝咖啡·男·某公司总经理·注重旅行质量

澳大利亚的早餐主要是面包、鸡蛋、培根、薯饼，还有水果。当然也和孩子们一起吃了当地很有名的Vegemite酱料，味道咸咸的，没觉得有什么好吃的，不过孩子倒是不嫌弃，涂在面包上吃了不少。中午来到一个自助餐厅吃午饭，提供的食物倒是挺丰富的，感觉里面的鱼排很好吃，鱼肉很鲜嫩，现在想想还很怀念。到了晚上，我们爬上了悉尼塔欣赏美丽的悉尼夜景，然后在那里吃了自助，孩子对于食物并不是那么感兴趣，反倒对窗外的景色更好奇，就跟上次带他到上海东方明珠一样。

 逐梦者·男·自由职业者·渴望周游世界

早就听说悉尼鱼市场的食物很新鲜，所以来到悉尼后第二天我就去了鱼市场。市场上那些色泽光鲜的大鱼真是让人大开眼界，实在抵不住诱惑了，就屁颠屁颠地跑到熟食摊前，直接点了一些三文鱼、生蚝、大虾吃，那些经过烧烤、清蒸的海鲜真是让人垂涎。

★ 平常都爱吃这些

海鲜
澳大利亚的海产特别丰富，常见的澳大利亚海鲜有生蚝、三文鱼、皇帝鱼等。

烤肉
澳大利亚的烤肉是中国人在当地比较热衷的食物，经常食用的烤肉有澳洲牛肉、羊肉、鱼片、明虾。

宫保鸡丁
宫保鸡丁是澳大利亚比较常见的一道中国菜，在悉尼餐馆中都能吃到的宫保鸡丁，与在四川餐馆吃到的味道没有太大区别。

炸鱼薯条
这是英国风味的传统快餐，吃的时候配上不同口味的调味酱，是澳大利亚很普遍的街边小吃。

澳洲牛排
澳洲盛产优质牛肉，很多餐馆都提供不同做法的牛排。

★ 地方特色比较甜

葡萄酒
澳大利亚拥有60多个葡萄酒产区，所产的葡萄酒因品质优异、风格独特而闻名世界。澳大利亚著名的葡萄酒产区有：芭萝莎谷、猎人谷、天鹅谷、亚玛格丽特河、雅拉河谷等。

澳洲龙虾
一说起龙虾，人们一定会说澳大利亚的龙虾，所以澳大利亚的龙虾在中国可是出了名的。的确，澳大利亚的龙虾，质量好、无污染，性价比高，是来澳大利亚必尝的美食。

Vegemite 酱料
Vegemite 酱料是澳大利亚一种味道独特的调味酱，是澳大利亚人的早餐必备食品。人们通常将其涂在烤面包上，也可涂在奶酪三明治上。

咖啡
墨尔本有着"咖啡之都"的美誉，各式各样的咖啡馆遍布墨尔本的大街小巷。

管家提示

有的澳大利亚餐馆门口会有"BYO（Bring Your Own）"的标志，是允许自带酒水之意，还有一些有"Welcome BYO"标志的餐馆，是欢迎自带酒水。不过，一些有酒牌的餐馆英文为"Licenced Restaurant"，表示只能在里边买酒，不能自带。此外，在与澳大利亚当地朋友一起吃饭时，一定要注意吃饭付钱问题，付钱过于积极或者忘记付钱，都是很不礼貌的。通常如果是你提议去喝酒，那么就应该由你付钱，除非事先说好，不然会各自付钱。

NO.2 找餐馆有技巧

过来人经验谈

行走路途间·男·某公司职员·痴迷旅行

悉尼的餐馆遍地都是，推荐唐人街的饺子馆，还有一家 Est. 餐厅的招牌菜是蒸墨累鳕鱼，十分美味。悉尼的大多数餐馆中午12:30半左右和晚上6:00多吃饭的人比较多，不建议去客人比较少的餐馆，有次我为了避开嘈杂的人群，到了一家咖啡店里吃饭，那里的食物味道我实在是不敢恭维。

剪不断的山水情·女·摄影师·热爱生活，视角独特

凯恩斯有很多餐馆，本来想找一家可以吃海鲜的餐馆，但是伴随着夜色渐浓，餐馆的人越来越多，和几个当地朋友来到一家名为 Villa Romana 的意大利餐馆，味道很不错，以至于我们在离开凯恩斯的时候又到这里吃了一顿。

★ 怎样找到华人餐馆

近几年来，澳洲的中餐馆越来越多，无论大城小镇，都有很多中国式外卖小店，在悉尼、墨尔本的唐人街上也有很多中餐馆可供选择。

悉尼中餐馆

名称	特色	资讯
金唐海鲜酒家（Golden Century）	号称南半球最好的中国餐厅，主要是做海鲜，招牌菜是澳洲大龙虾	地址：393-399 Sussex Street Haymarket NSW 2000 营业时间：午餐 11:30～15:00，晚餐 5:30～23:00，夜宵 23:00～24:00（仅周五、周六） 电话：02-92811598 网址：www.goldencentury.com.au
北方拉面馆（Chinese Noodle Restaurant）	这家面馆得奖无数，以现制西北拉面、北方炒菜和面食为主，在悉尼人气非常火爆	地址：8 Quay St Chinatown Shop 7, Prince Centre 电话：02-92819051
鼎泰丰（Din Tai Fung）	这家全球连锁店在悉尼很受欢迎，这里的特色小笼包味道十分鲜美，让人吃出家乡的感觉	地址：World Square Shopping Centre，644 George St. 电话：02-92646010 网址：www.dintaifungaustralia.com.au
水井坊四川酒楼（Red Chilli Sichuan Restaurant）	这里是吃川菜的好地方，这里的辣椒都是从四川进口过来的红辣椒，辣味十足	地址：3/51 Dixon St.，Haymarket 营业时间：11:30～14:30，17:00～22:00 电话：02-92118122 网址：www.redchilligroup.com.au

墨尔本中餐馆

名称	特色	资讯
采蝶轩（Plume Chinese Restaurant）	港式茶餐厅，价格适中，环境、服务都不错，推荐这里的上汤芦笋、金银菠菜蛋、当红炸仔鸡以及醉鸽、鱼翅等	地址：200 Rosamond Road 电话：03-98401122 网址：www.plume.com.au/doncaster
万寿宫（Flower Drum）	以传统的粤菜闻名，曾接待过很多国际名人，在这里还可以品尝到美味的北京烤鸭	地址：17 Market Ln 电话：03-96623655 网址：flower-drum.com

续表

名称	特色	资讯
食为先（shark fin house）	传统的中国餐厅，食物的味道很正宗，推荐品尝这里的早茶	地址：131 Little Bourke St. 电话：03-96631555 营业时间：11:30 ~ 15:00（周一至周五，周末 11:00 开门），17:30 ~ 23:00 网址：sharkfin.com.au
龙舫酒家（Dragonboat）	在墨尔本名气很大，在当地有好几家连锁店，口味偏向于西方人的口味	地址：203 Little Bourke St. 电话：03-96622733 网址：dragonboat.com.au
上海水饺店	一家很有名气的饺子馆，这里有各种类型的饺子	地址：23-25 Tattersalls Ln 电话：03-96638555

阿德莱德中餐馆

名称	特色	资讯
鸿发烧腊饭店（Hong Fat B.B.Q.Restaurant）	位于阿德莱德的中国城中，菜肴味道很好，价格也实惠，推荐品尝双拼饭、干炒牛肉河粉、海鲜炒面、八珍烩饭	地址：Adelaide Central Market 3/75 Grote St. 电话：08-84100908
滋味阁（East Taste Café）	一家顶级的中餐馆，曾经多次获得餐饮界大奖。到这里吃饭，除了享受地道的中国美食，还能深切地感受一下传统的中国格调	地址：119 Gouger Street 电话：08-82310268 营业时间：周二至周三 17:00 ~ 次日 1:00，周五 12:00 ~ 15:00，周五~周六 17:00 ~ 次日 2:00，周日 17:00 ~ 次日 1:00，周一关门 网址：www.easttasterestaurant.com.au
全聚德海鲜酒家（Golden Crown Chinese Restaurant）	当地一家很著名的海鲜餐厅，这里的海鲜新鲜、干净，而且够味，早茶也很好吃	地址：173 Henley Beach Rd., Mile End 电话：08-83542886
Concubine	这是一个现代化的中国式当代餐厅，在这里购买外卖食品还可享受 20% 的折扣	地址：132 Gouger St. 电话：08-82128288 网址：concubine.com.au

续表

名称	特色	资讯
瀛洲餐馆（Ying Chow）	一家提供以中国广州特色菜为主的中国式餐馆，推荐的美食包括爽口的椒盐鱿鱼、咸味酱汁调制的蒸鸭肉	地址：114 Gouger St. 电话：08-82117998

堪培拉中餐馆

名称	特色	资讯
状元红饺子馆（Shanghai Dumpling Cafe）	堪培拉最受欢迎的中国餐厅之一，招牌菜有脆辣牛肉、上海风味炒面、香浓鸡汤等	地址：2/35 Childers St. 电话：02-62628884
王子(Prince Palace)	堪培拉大学附近的一家粤式餐馆，提供丰富的早茶小吃，口味多样化	地址：114 Emu Bank,The Boardwal,Belconnen 电话：02-62513838 网址：pp.potech.com.au
快乐中国餐馆（Happy's Chinese Restaurant）	提供传统的粤菜，是堪培拉所开的第一家中国餐厅	地址：17 Garema Pl 电话：02-62497015 网址：happys.com.au

黄金海岸中餐馆

名称	特色	资讯
南海渔村（Ocean Seafood Chinese & Malaysian）	典型的中国餐厅，提供各种地道的海鲜以及美味的亚洲菜肴	地址：3110 Gold Coast Hwy, Surfers,Paradise 电话：07-55703766
万寿宫（Mandarin Court）	黄金海岸历史最为悠久的中国茶餐厅，主要提供传统风味饮茶、粤菜等中式食物，每种食物都采用正宗的中国调料做法做成，新鲜味美	地址：2374 Gold Coast Hwy, Mermaid Beach 电话：07-55723333
罗比娜饮茶（Yum Cha Robina）	有以新鲜海产为主的广东料理以及地道的北京菜。餐厅同时开放饮茶午餐以及中国美食晚餐	地址：Shop 1015/16, Robina Town Centre,Lido Promenade , Robina 电话：07-55808181

布里斯班中餐馆		
名称	特色	资讯
永盛金铺（Golden Barbeque）	一家烧烤店，这里提供丰盛的烤鸭、多汁的叉烧猪肉、鲜美的大豆鸡肉，以及香脆五花肉等。另外，也有免费赠送的小碗汤、水和中国茶	地址：157 Wickham St. 电话：07-38525222
食为先（Enjoy Inn）	内部装饰采用的是中国的传统元素，曾多次获得餐饮界的大奖，倍受关注	地址：167 Wickham St. 电话：07-32523838

★ 常见的澳大利亚餐馆类型

　　澳大利亚有正餐厅、快餐店、自助餐厅等，同时还有很多提供食物的地方，如街边的熟食店，商场或超市的 Food Hall 等。此外，在咖啡馆、酒吧等地方还可以享用到简餐，一顿简餐 5～10 澳元。

澳大利亚常见餐馆

正餐厅
- 主要种类：西餐厅、意大利餐厅、日本餐厅、中餐厅、泰国餐厅等
- 餐厅消费：可以查阅该城市杂志上的餐厅一览表了解澳大利亚各个城市的餐厅，价格消费一般在 10～25 澳元/人
- 小费：在正餐厅用餐，支付小费不是惯例，如果觉得对服务特别满意，可以支付总费用 10%～15%的小费

快餐店
- 主要种类
  - 国外：麦当劳、肯德基、汉堡王（Hungry Jack's）、赛百味（Subway）等
  - 国内：Oporto

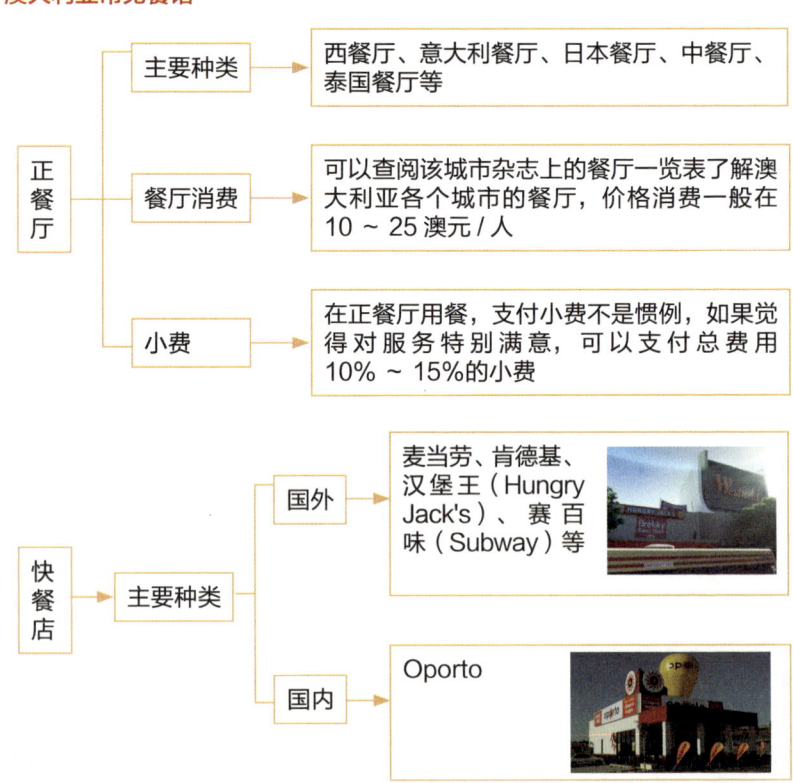

```
自助餐厅 ┬─ 普通自助 ──→ 大多是烧烤类或者海鲜类菜肴,也附有面包、汤及甜品等配菜
        └─ 高级自助 ──→ 餐厅会安排厨师现场制作烧烤肉类供食客即时享用
```

★ 寻找餐馆集中区及本土餐馆

悉尼

在悉尼,想要品尝中国美食就去唐人街,想要品尝地道且便宜的澳大利亚美食则可去岩石区,想要在就餐的同时饱览美丽风光则可到达令港;一些小咖啡馆、时尚餐厅以及快餐馆则主要集中在国王十字区、Potts Point 等地区。

悉尼本土餐馆推荐		
名称	特色	资讯
Est	餐厅的招牌菜是蒸墨累鳕鱼,另外还有西番莲果汁、冰糕等美味。在这里,每一口葡萄酒和每一道食物都会让你赞不绝口	地址:Establishment 1, Establishment /252 George St. 营业时间:午餐,周一至周五 12:00 ~ 14:30,晚餐,周一至周六 6:00 ~ 22:00 电话:02-92403000 网址:merivale.com.au
Quay(码头餐厅)	曾多次获奖,厨师彼得·吉尔摩烹制出各式各样的创意菜肴,其招牌甜点——雪蛋(MasterChe),曾引起了轰动	地址:Upper Level, Overseas Passenger Terminal, Circular Quay West, The Rocks 营业时间:周五至周日 12:00 ~ 14:00,平时 18:00 ~ 22:00 电话:02-92515600 网址:www.quay.com.au
Cafe Sydney	悉尼最受注目的餐厅之一,在室外露台上,可感受绝佳的视野与壮观的海港景色完美融合	地址:5th Floor, Customs House 31 Alfred St Circular Quay 营业时间:周一至周五和周日提供午餐(12:00 开始),周六提供晚餐(17:00 开始 电话:02-92518683 网址:www.cafesydney.com

续表

名称	特色	资讯
China Doll	这并不是一个传统的中国式餐厅，而是现代的澳大利亚餐厅，可从酒单上随心所欲地选择你想要的酒水	地址：4/6 Cowper Wharf Rd. 电话：02-93806744
Rockpool Bar & Grill	精选的牛肉是特色，不过优质的牛肉，价格也是昂贵的	地址：66 Hunter St. 电话：02-80781900 网址：www.rockpool.com

墨尔本

唐人街是中国美食的集中地，同时也有很多提供马来西亚菜、印度菜、日本菜的餐馆；在维多利亚街上可品尝正宗的中南半岛风味；在位于伯恩斯威克（Brunswick）的悉尼路上，可以品尝到中东的正宗美食；卡尔顿区（Carlton）堪称是墨尔本的"小意大利区"，有很多意大利餐馆；在费兹罗区（Fitzroy）的伯恩斯威克街（Brunswick Street），可品尝到世界各地的美食、小吃。

墨尔本本土餐馆推荐		
名称	特色	资讯
Cerberus Beach House	新鲜的食材与完美的烹饪技术相结合，打造出了充满创意的食物。在这里边就餐边看日落，很有情调	地址：212 Half Moon Bay 电话：03-95334028 网址：cerberusbeachhouse.com.au
The Colonial Tramcar Restaurant	这家餐厅在一个古老的电车里边，顾客可以一边乘坐电车游览墨尔本，一边品尝美味的料理，可以晚上到这里边就餐边欣赏墨尔本的夜景	地址：Tramstop 125/Clarendon St. 电话：03-96964000 网址：tramrestaurant.com.au
MoVida Bakery	这家餐馆装饰华丽，这里最著名的美食有唯美的兔肉丸子、辛辣的鞑靼牛肉以及慢火煮熟的有机羔羊肉	地址：3 Tivoli Rd, South Yarra 电话：03-90414345 网址：www.movida.com.au

堪培拉

堪培拉市中心有很多意大利餐厅和亚洲餐厅,还有很多快餐店;金斯顿(Kingston)区有很多咖啡馆和酒吧;Dickson购物区聚集了众多提供中国菜、韩国菜、日本菜等亚洲风味的餐馆。

堪培拉本土餐馆推荐

名称	特色	资讯
Courgette Restaurant	每道菜就像是一件艺术品,十分精致,食物套餐还会搭配红酒,服务人员会向客人介绍红酒的酿造年份	地址:54 Marcus Clarke St. 电话:02-62474042 网址:courgette.com.au
Ellacure Restaurant and Bar	这里是吃早餐跟午餐的好地方,鲑鱼、牛肉和意大利面都很美味	地址:2/21 Battye St. 电话:02-62510990
Rubicon	美味的尖吻鲈和牛排鲜嫩可口,还有葡萄酒,配有小菜,十分完美	地址:6A Barker St. 电话:02-62959919 网址:rubiconrestaurant.com.au
Ironbark	这里的丛林菜肴做得很有味道,澳大利亚本地的特产都会从这里找到	地址:17 Franklin Street, Manuka 电话:02-62397143

管家提示

澳大利亚的用餐时间与中国不同,澳大利亚的午餐时间是12:00~15:00,用餐高峰时段是13:00~14:30。在去一些高级餐厅就餐前,最好先在餐厅官网查看一下具体的供应时间,他们很可能不供应晚餐。此外,有的餐厅周一至周五供应午餐,周一至周六供应晚餐,周日停业。

NO.3 怎样看懂菜单

 过来人经验谈

 Fashion 紫陌 ·女·时尚编辑·喜爱摄影

在澳大利亚当地的大多数餐厅中,服务员大多不会说中文,只有在唐人街的一些餐馆才有一些中文服务员。如果你的英语水平不太好,可以在点单之前先向服务员询问店内是否提供中文菜单,我去的很多餐厅都有中文菜单。

★ **澳大利亚人一日三餐吃什么**

在澳大利亚,早餐和午餐通常以简单便利为主,下午加餐通常会选择咖啡和甜点,晚餐很丰盛。此外,周末时澳大利亚人一般都会改善伙食,比如炸鱼搭配着烤制的比萨,或者来一场野外烧烤。

澳大利亚人的一日三餐

餐次	时间	饮食
早餐	8:00 左右	早餐十分简单,主食一般是将面包、三明治抹上果酱或 Vegemite 食用,饮品一般是冷牛奶泡麦片,或是喝一杯提神咖啡
午餐	12:00 ~ 15:00	午餐与早餐类似,一般是夹心面包或其他面包、汉堡及肉馅饼等,通常还会吃一点生菜沙拉
下午点心	15:30 开始	一般会吃一些甜点,如蛋糕、松饼等,再搭配上咖啡
晚餐	18:00 开始	晚餐比较丰盛,通常包括美味的意式牛肉面、英式的蔬菜与肉的组合,再搭配上土豆泥

> **tips**
> 在餐厅吃饭时，建议不要催促服务员上菜，通常每上一道菜间隔的时间为 10 ~ 15 分钟都是正常的。

★ 像当地人一样去点餐

用餐礼仪

1. 在澳大利亚的高级餐馆用晚餐时，必须提前进行预订，或到饭店的柜台预约后再前往。同时要注意着装，女士应穿连衣裙或套装等，男士应穿夹克配领带。

2. 当服务员将你带到指定的位置后，在告知服务员要换位置之前不要自己随意换位置。

3. 在吃饭的时候，刀叉应分开放在盘子两边，并且口朝内。吃完了将餐刀和餐叉平行放在盘子的右侧。如果餐叉的叉齿向上，就意味着告诉侍者应该拿走这个盘子。

4. 尽量把盘子里的东西吃完再走，如果有剩余，会被认为是不礼貌的。

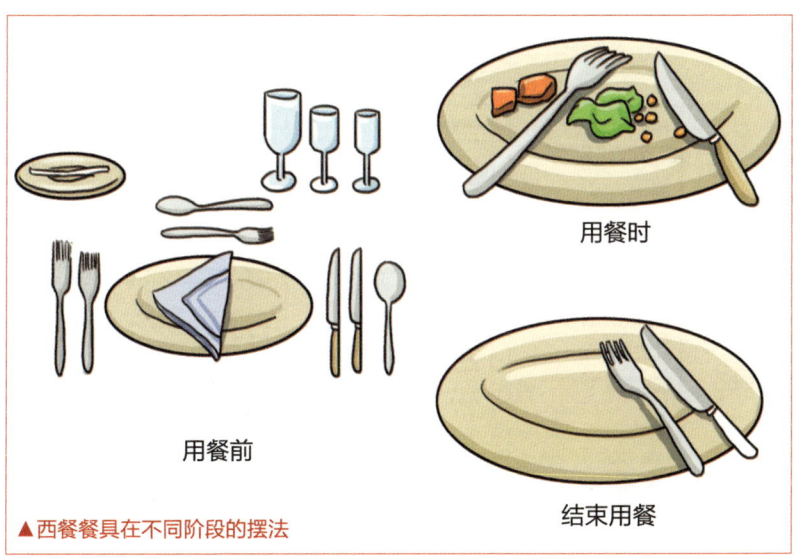

▲西餐餐具在不同阶段的摆法

餐厅用餐步骤

1. 带位入座

进入餐厅时，要先告诉服务员你是否有预约，然后在其带领下入座。有的餐厅门口还会放一本候位本，你可在上边填写好自己的姓名及人数，然后撕下号码条等待服务员广播即可。

2 点饮料

当服务员给你菜单之后，往往会先询问你点什么饮料，如果不想喝饮料，可让服务员拿一杯免费的白开水。

3 点菜

研究好菜单之后，就可以点菜了。大多数餐厅没有最低消费，你可根据自己的实际情况，然后观察他人的餐点分量做出决定。用餐时还可以点一些澳大利亚产的白葡萄酒。

4 结账

在用餐结束后，就可以告诉服务员买单了。如果是两人或多人用餐，服务生可能会问"Do you want separate checks？"你想分开付的话可以说"We want to separate check"，如果不想就可以回答"together"或"one check"。

学会看正式餐厅菜单

管家提示

如果看到菜单上写有"beer battered or crumbed"，要明白其实是后面省了fish这类宾语的，完整的写法为"beer battered fish（啤酒面糊裹的鱼）"或"crumbed fish（面包渣裹的鱼）"，而"fish"可以由菜单里面不同种类的鱼代替，比如：Cod with beer battered，就是啤酒面糊裹的鳕鱼。此外，sml是"small"的简写，为"小的"之意；med为"medium"之意。

NO.4 结账时如何付费

过来人经验谈

 剪不断的山水情·女·摄影师·热爱生活，视角独特

刚去澳大利亚时，在吃饭的过程中，会纠结要不要给小费的问题，还会留意观察别人付费的情况。最后在结账时问了一下服务员："是否要小费？"服务员则回答："不用，吃得开心就好。"

★ 结账方式的选择

一般的餐厅是在顾客用餐完毕后侍者递上账单，可以直接用现金支付。在一些中高档餐馆除了可以用现金结账，还可以使用信用卡结账。如果使用信用卡支付，侍者会先拿走账单和卡，刷卡后退回信用卡以及要求顾客签字的账单栏，然后签字生效。刷卡后签了单就可以起身走了，不用等服务员回来取单。

★ 小费如何支付

在澳大利亚，一般普通的餐馆无须支付小费，在高级餐厅就餐后或者是点了一些特殊的料理时，可支付总费用的 10% ~ 15% 当作小费。

 管家提示

澳大利亚是个严格禁烟的国家，已经从开始的部分禁烟发展到全面禁烟，境内的多数餐馆会分吸烟区及非吸烟区，假如你想吸烟，要尽量克制，实在不行到吸烟区再吸烟。在非吸烟区吸烟会触犯澳大利亚的禁烟法令。

Part 5
澳大利亚扫货必备攻略

NO.1 买什么最地道

> 过来人经验谈

 luishomecom · 男 · 大学生 · 怀揣梦想，遇见生活

购物往往是人们很关注的问题，下面我着重介绍一下我在澳大利亚购买的一些特产以及一些细节。

1. 绵羊油等护肤品：价格有高有低，总体来说很实惠，一般价格为 7～10 澳元。强烈推荐澳大利亚红色瓶装的 Lucas Papaw 万能木瓜霜，在祛痘、修复晒伤、烫伤方面有很强的功效。

2. 奶粉：澳大利亚乳制品的质量全球领先，比较受欢迎的婴幼儿配方奶粉品牌有爱他美（Aptamil）、A2、贝拉米（Bellamy's），在 Coles、Woolworths 等超市中购买价格从 25 澳元到 35 澳元不等。不过在机场购买爱他美奶粉竟然需要 39 澳元，真心坑钱啊。

3. 咖啡与巧克力：墨尔本的咖啡很不错，尤其是 Flat White 品牌的咖啡很受本地人欢迎。此外，澳大利亚的巧克力也不错，墨尔本一家叫 Koko Black 的巧克力店，里面有很多美味的巧克力和热朱古力。

 蓝咖啡 · 男 · 某公司总经理 · 注重旅行质量

在澳大利亚旅行，除了游玩各大景点，购物也是必不可少的重点。我们主要想给孩子买点奶粉，还要帮朋友带双 UGG 靴子回去。悉尼和墨尔本都有很多卖奶粉和 UGG 的店。UGG 靴子价格根据长短不同价格也不同，起价大约为 150 澳元。在悉尼的唐人街上购买那种靴子可以砍价，但选择余地较少，只有黑、浅棕和深棕几种颜色选择。如果想有多种选择，可到达令港

Harborside Shopping Centre 看看,但那里不讲价。

 Fashion 紫陌·女·时尚编辑·喜爱摄影

说到购物,我买了一些绵羊油。听当地人说绵羊油成分简单,那些标榜有维生素 E 和羊胎素的都华而不实,所以就在悉尼唐人街的回国礼品店中买了最便宜的那种,大概两三澳元一盒。后来在超市看到了家庭装的绵羊油,看着很不错,大包装可以用很久,也买了一些。

★ 本土品牌

澳大利亚著名的本土品牌	
名称	信息
Oroton	一家制作精品皮具的公司,其精良的做工、独具特色的设计及合理的价格,使其成为澳大利亚本土奢侈品的代言人
Jumbo UGG	源于澳大利亚的顶级 UGG 羊皮靴品牌,外观时尚、保暖性强
真维斯(JEANSWEST)	1972 年成立于澳大利亚,是一家大型的休闲装生产企业,现在在我国已有 2000 多家连锁店和加盟店
速比涛(Speedo)	世界排名第一的泳装品牌,包括有助去水功能的比赛泳衣、超耐用泳衣、童装泳衣和沙滩裤四大类
嫣妮(Red Earth)	化妆品品牌,采用全天然原料,目前产品系列的重点是彩妆
李医生	全球知名的医疗美容护肤品生产研制企业之一,精心研制出美白、消斑、清痘三大特效护肤系列
茱莉蔻(Jurlique)	纯天然护肤品牌,被誉为地球上最精纯的护肤品
赫莲娜(Helena Rubinstein)	欧莱雅集团旗下的顶级奢华美容品牌,因其独特的创意成为美容品牌中的佼佼者
真澳袋鼠皮具(kangaroo kingdom)	一个时尚的皮具品牌,独特的风格使其备受众多时尚人士追捧
Zimmermann	澳洲知名的服装品牌,着重展现服装最初最真实的样子,突出强烈的线条感、独特的色彩搭配以及精致的绣花
Arnott's	澳大利亚最大的饼干生产商,现已成为一个澳大利亚历史和国家的象征

★ 特产

迪吉里杜管

迪吉里杜管（Didgerid）起源于澳大利亚北部，是最受游客欢迎的艺术品之一。现在迪吉里杜管已经成为土著人文化艺术的瑰宝和代表，是澳大利亚的一个象征，因而在澳大利亚一定不要忘记购买。

点画

点画（Dot painting）是一种用点构成的以动植物或自然现象为主题的图画，使用材料包括天然氧化物和赭石颜料，是最为人熟悉的土著艺术之一。

回力刀

回力刀（The boomerang）是一种古老的手工艺品，主要分为回飞、不回飞、打猎、礼仪四大类。

蛋白石

蛋白石（Opal）是澳大利亚特产之一，样式非常多，原石或切割雕琢成各种形状，应有尽有。

澳大利亚宝石

澳大利亚拥有大型的钻石矿产区，由那些美丽的石头制成的纪念品，很受欢迎。

绵羊制品

以畜牧业闻名的澳大利亚，与绵羊相关的制品如绵羊油、绵羊被等应有尽有。

蜂胶

澳大利亚拥有种类丰富的蜂胶，你可在免税店内购买蜂胶的滴剂、乳液、肥皂、牙膏等。

★ 化妆品

护肤品

茱莉蔻（Jurlique）：产品中95%以上的原料来自阿德莱德农场，拥有天然的抗氧化成分、维生素和草本植物精华的纯净，被誉为地球上最纯净的护肤品。

伊索（Aesop）：在澳大利亚与茱莉蔻齐名，是一款性价比很高的有机护肤品牌。

Trilogy玫瑰果油：珍贵的百分百野玫瑰果油，具有祛疤、抗皱、锁水的功效。

Botani：以橄榄为主要原料的有机护肤品牌，采用自然疗法与现代护肤科学相结合的理念精心研制而成。

A'kin：澳洲首屈一指的天然护肤品牌，价格比Trilogy便宜很多。

彩妆

赫莲娜（Helena Rubinstein）：欧莱雅集团旗下的美容品牌，多年来追求奢华的产品质感，成为现代美容行业的奠基品牌之一。

布鲁姆(Bloom)：该品牌在保留原创精神的同时，进行积极创新，追随时尚，现已远销新西兰、日本、美、英及欧亚等地，有很多好莱坞明星都很热衷于该品牌。

嫣妮(Red Earth)：该品牌追随潮流，结合时尚品位创造出时尚、有创新性、高品质的彩妆。

★ 服装

澳大利亚本土服装品牌

Kahlo：风格简约，带有都市的休闲感。

Mink Pink：澳洲本土少女时尚品牌。

Ksubi：牛仔及街头风格的时尚品牌。

Collette Dinnigan：闻名于巴黎的澳洲设计师品牌。

其他推荐

Scanlan&Theodore、Sportsgirl、Cotton On、Valleygirl、Ziggy Denim、Coogi 等服装品牌。

> **管家提示**
>
> 　　购物时一定不要错过打折季，澳大利亚的打折季主要是圣诞新年（每年12月至次年1月末）和财政年底（每年6月左右），在圣诞节后的 Boxing Day（节礼日），会有更大折扣。可登录购物价格比较网站 www.getprice.com.au，比较多家各类大型零售商提供的物品价格，也可登录华人网站 maigou.auzoom.com，了解打折信息导购。

澳大利亚常用的购物优惠网站	
网址	介绍
www.whypayfullprice.com.au	澳大利亚最大的折扣券下载网站之一，在该网站上将折扣券打印出来之后就可以使用了
topbargains.com.au	一个致力于"低价共享"的网站，收集了澳大利亚各地最优质的优惠券
tjoos.com.au	拥有众多家网店的优惠券，优惠券涵盖范围非常广
www.ozbargain.com.au	非常实用的折扣、免费信息汇总网站

▲ topbargains.com.au　　　▲ www.ozbargain.com.au

NO.2 去哪里买最合适

  过来人经验谈

行走路途间·男·某公司职员·痴迷旅行

在澳大利亚，我将购物重点地放在了悉尼，不过悉尼的商场关门比较早，基本上5:00~6:00就关门了，所以想要购物的"童鞋"还要尽早出发。首先去了著名的维多利亚女王大厦以及圣玛利亚大教堂区域，在这里购物的同时，还能观赏别致的建筑，收获颇多。然后到了悉尼歌剧院附近的DFS环球免税店，这里的东西贵死了，而且感觉款式也没有太多新鲜感，所以我逛了一圈就出来了，不过附近有很多街边店，既有UGG专卖店，也有茱莉蔻门店，我在里面买了几瓶护手霜。晚上去逛了一下达令港，这个地方真是不错，不仅可以购物，还能品尝各种美食。

★ **澳大利亚购物场所一览**

澳大利亚素来被人们称为"购物天堂"，这里的购物场所主要包括购物街、大型购物中心、百货商场、市集与市场，以及超市，各类商品琳琅满目。

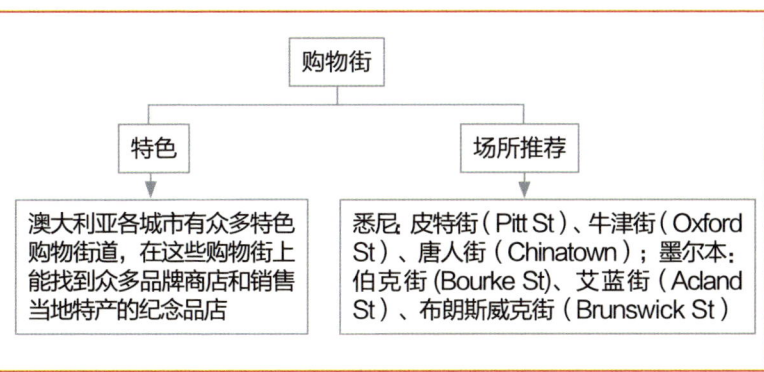

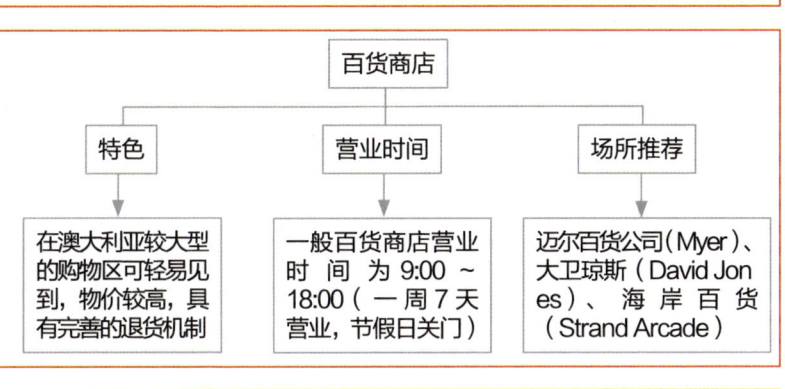

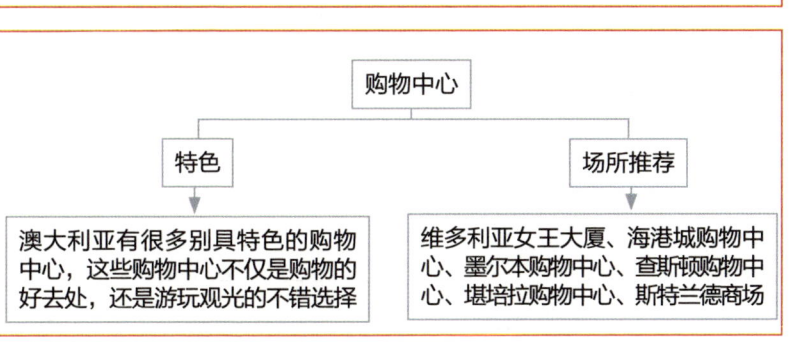

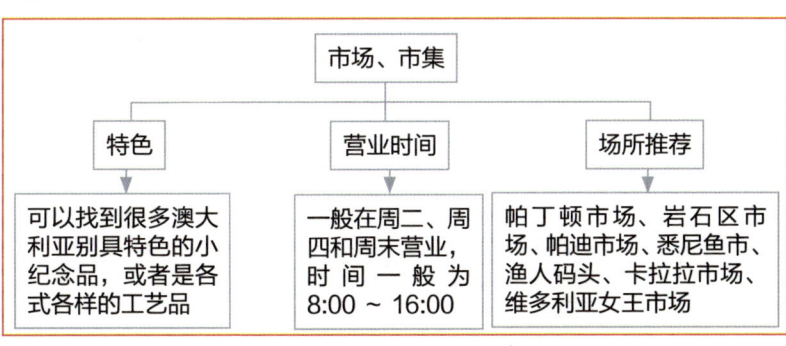

```
                        超市
                         │
        ┌────────────────┼────────────────┐
       特色            营业时间          场所推荐
        │                │                │
  ┌──────────┐    ┌──────────────┐   ┌──────────────┐
  │超市中的商品琳│    │ 9:00 ～ 18:00 │   │ Woolworths、 │
  │琅满目，而且价│    │（周日、节假日 │   │ Coles        │
  │廉物美。到了晚│    │ 关门）       │   │              │
  │上，还会有很多│    └──────────────┘   └──────────────┘
  │半价商品     │
  └──────────┘
```

澳大利亚热门城市主要购物场所资讯

悉尼主要购物地点资讯			
名称	简介	地址	网址
维多利亚女王大厦（Queen Victoria Building）	大厦是精致的罗马式建筑，在这里可感受维多利亚时代的时尚与奢华	乔治大街（George St.）445号	www.qvb.com.au
大卫琼斯（David Jones）	占据了两栋大楼，一栋销售女性及儿童服装，另一栋为男性用品专卖店，商品很齐全，是到悉尼必逛的名品店	卡斯尔雷街（Castlereagh St.）86-108号	shop.davidjones.com.au
海岸百货（Strand Arcade）	悉尼最精巧华丽的商场之一，有许多时装店、皮具店、精品店以及咖啡厅和餐厅	皮特街（Pitt St.）193/195号	www.strandarcade.com.au
韦斯特菲尔德商场（Westfield Sydney）	有很多华丽的设计师品牌和昂贵的商店	皮特街（Pitt St.）188号	www.westfield.com.au
帕丁顿市场（Paddington Markets）	这里有很多摊位，可以在其中享受淘宝、砍价的乐趣，在附近的广场上还有一些杂耍艺人或流浪歌手	牛津街395号	www.paddingtonmarkets.com.au

续表

名称	简介	地址	网址
岩石区市场（The Rocks Market）	悉尼最大的市场之一，有风格独特的服饰和各种原创的艺术品和版画	岩石区乔治街	www.therocks.com
悉尼鱼市（Sydney Fish Market）	主要由几家比较大的店铺组成，出售各种当天捕获的海鲜	银行街	www.sydneyfishmarket.com.au

墨尔本主要购物场所资讯			
名称	简介	地址	网址
墨尔本购物中心（Melbourne Central Shopping Centre）	云集了众多澳大利亚设计师杰作、国际品牌旗舰店，还包括Country Road、Morrisseyl等众多知名大品牌	拉贝托街（La Trobe Street）211号	www.melbournecentral.com.au
维多利亚女王市场（Queen Victoria Matket）	一个大规模的露天市场。出售各种海产品、本地蔬果、熟食，以及衣物、羊毛时装等	伊丽莎白街（Elizabeth Street）513号	www.qvm.com.au
维多利亚艺术中心市场（VIctorian Arts CentreSunday Market）	墨尔本最著名的艺术品展售中心，拥有多样化的商品，其中包括现代的陶艺品、手制画框、珍贵珠宝等	南岸艺术文化区亚拉河畔的圣基尔达路（St.kilda Road）	www.artscentremelbourne.com.au
查德顿购物中心（Chadstone West Mall）	南半球最大的购物中心，包括服装店、奢侈品店、糖果店、宠物店等	1341 DandenongRoad, Chadstone	www.chadstoneshopping.com.au
Crumpler	一家本地公司，从时尚的自行车架、笔记本电脑和照相器材的包装袋，到各种耐用的零配件应有尽有	史密斯街（Smith Street）87号	www.crumpler.com

堪培拉主要购物场所资讯			
名称	简介	地址	网址
堪培拉购物中心（Canberra Centre）	堪培拉最大的购物中心，有各式各样的众多小商店	班达街（Bunda street）148号	www.canberracentre.com.au

PART 5

澳大利亚扫货必备攻略

续表

名称	简介	地址	网址
格尔门屋集市（Gorman House Markets）	一个充满活力的集市，有各种出售特色家居用品和澳大利亚时装的商店	55 Ainslie Avenue, Braddon	www.gormanhouse.com.au
老汽车站市场（Old Bus Depot Markets）	堪培拉的高级周日集市，主要出售手工制作的珠宝首饰、艺术品、家居用品，以及本地土特产和葡萄酒	金士顿区（Kingston）	www.obdm.com.au
首都地区农夫市场（Capital Regional Farmers Market）	出售水果、蔬菜、植物、鲜花等各类商品	会展园区（Exhibition Park）	www.capitalregionfarmersmarket.com

★ 免税店

澳大利亚的免税店主要分布在各个城市的机场，悉尼、凯恩斯也有几家DFS环球免税店。免税店有两种，一种是"DUTY FREE SHOP"，为免除海关税和消费税的免税店；另一种名为"TAX FREE"的免税店，只免除消费税。

澳大利亚主要免税店推荐

名称	介绍	地址	网址/电话
悉尼免税店（Sydney DFS Galleria）	澳大利亚最大的市内免税店，在这里可买到世界及澳大利亚闻名的品牌商品，还有各种澳大利亚当地纪念品和艺术品	悉尼乔治街155号	www.dfsgalleria.com
凯恩斯DFS环球免税店	凯恩斯唯一的奢侈品一站式购物场所，有众多国际知名品牌，还提供免费穿梭巴士，商品完全免税、接受外币以及银联卡消费	凯恩斯市中心阿尔伯特街（Abbot St.）与斯宾塞街（Spence St.）交汇处	07-40312446
Downtown Duty Free	主要出售烟酒、化妆品、手表、宝石，以及世界品牌商品和澳洲当地纪念品	珀斯国际机场中	08-94771888

> **管家提示**
>
> 可在免税店购买一些名牌商品，如香水、化妆品等，这些物品在免税店购买可获得退税，这样比在专卖店、百货商店买实惠很多。免税店一般有会说中文的工作人员，所以不用太担心语言沟通问题。此外，在免税店购物，应出示护照和返程国际航班的机票。还要注意保存好相关票据，在中国机场检查商品时需要用到。

NO.3 说说退税那些事

 过来人经验谈

luishomecom·男·大学生·怀揣梦想，遇见生活

在同一购物场所消费满300澳元（不包括那些不能退税的特殊产品），可以要求相关工作人员为你开一张发票单（tax invoice），上面有商户编号、发票编号等信息，拿到发票单之后，要注意核实一下。

退税有两种方法，一种方法是在机场退税点排队退税，退税时需携带护照、机票、商品（退税商品一定要自己携带出境，除非存在尺寸问题，否则不能托运），以及退税金额要返回的银行卡。到退税窗口排队时需注意，有时会排很长的队伍，而且在所乘飞机起飞前30分钟无法退税，必须去登机。另外一种方法是使用客户端退税，这需要下载一个TRS的客户端（全称是Tourists Refund Scheme），现在ios系统也可下载该客户端。按照说明，依次填写你的个人信息，如护照、离澳时间等，然后填写商品信息（即tax invoice上面的内容）。填好之后会生成一个二维码，等出境时，通过机场退税处的绿色通道，把二维码给工作人员扫一下即可。

★ **旅行者如何退税**

如果你在离境前60天以内从同一家商店购买了300澳元及以上的商品（免税商品除外），并有一张300澳元及以上的税务发票（多张累计超过300澳元无效），在离开澳大利亚时便可得到退税。

可以/不可以退税的商品： 大多可以携带出境的商品均可退税，包括衣服、鞋、首饰、电器等。退税的物品仅限放置于手提随身行李内的物品，同时退税的商品不能是食用或使用过的。啤酒、烟草之类的产品不可退税，可直接在机场免税店购买。

注意识别可退税商店：通常可以退税的商店有退税购物的标志"Tax Free Shopping"，在大中型商店、名品店购物时，要认清标志后再购物。

退税金额：退税金额是依照消费金额的百分比来计算的，通常消费越多，所退税款就越多，商店收取的手续费就越少。退税金额的计算方式一般是购买商品金额除以 11，若是酒类商品则为总价的 14.5%。

退税所需物品：需携带个人护照、30 天内的机票、信用卡（VISA 卡，或者澳大利亚当地的借记卡），以及购物小票、退税单、退税的商品实物。

办理退税单：退税单（Tax-free form 或者 VAT receipt）是总计 300 澳元 (含 GST) 或以上的有效税务发票，并非是一般的收据，由购物商店开具。在购物满一定金额后，在结账时便可告知收银员"Tax Refund, please（请返税）"。此时需要出示护照并在退税单上填写详细的住址、护照号码。在索要发票时，注意是否将可退税物品打印在了同一张小票上，如果是分开的则需要求将其合在一起。

机场退税流程

1. 在机场的海关办公室 Customs，会有海关人员查看税务发票和相应物品。海关人员核查后，会在发票上盖上 TRS 章（即旅客退税方案的印章）；

2. 在出发大厅办理登机牌和正常的行李托运；

3. 过安检，出示护照、机票、登机牌、离境卡；

4. 到负责旅客退税的 TRS 办公室，出示已盖章的发票、护照、登机牌，进行退税。

★ 了解澳大利亚的消费税

澳大利亚规定，凡是在澳大利亚国内消费的商品及服务，均需缴纳 10% 的税费，所以享受的服务，如住宿、旅游、租赁汽车、服务费等，均不能办理退税。

管家提示

在悉尼、墨尔本、布里斯班、珀斯、凯恩斯、阿德莱德、达尔文以及黄金海岸的机场均可办理退税业务。TRS 退税办理柜台在过了移民局之后，进入免税商店之前便可找到，在过海关之后便可办理退税手续。办理退税所需的时间通常为 30～60 分钟，根据当时机场排队办理手续人的多少、购买物品的多少、托运行李手续等情况有所不同，因而要为自己办理退税款留出足够的时间。在办理好相关的退税手续后，5～10 个工作日可收到税款。

NO.4 买多了东西怎么办

过来人经验谈

行走路途间·男·某公司职员·痴迷旅行

在澳大利亚买了不少当地特产,后来发现东西实在是太多了,想要自己带回去真是有些招架不住,当时灵机一动,想到了将物品邮寄回国的办法,选择了一家华人快递公司——澳亚快递。

★ 物品可否过海关

液体类物品: 在过海关通过安全口时,携带的液体类物品(酒类、香水等)不得超过100毫升,否则须放入托运行李中;通过安检口后在免税店内购买的液体类物品则不受这个限制,但是部分物品可能会被禁止随身携带登机。

药品: 对于一些药品须进行申报,用量在3个月内的处方药无须申报,但建议携带英文处方和服用有关药物的医生证明。

禁止物品: 所有航空公司对禁止携带物品都有明文规定,如瓦斯产品、烟火、发胶喷雾等,均不可携带。

★ 带上飞机有什么要求

各航空公司对托运行李的重量及尺寸限制不一,尤其是小型飞机,对行李重量或尺寸的限制十分严格。因此在出发去机场之前,建议先向航空公司打电话询问行李的最大规格和重量。通常飞机允许乘客携带两件行李,如果携带了很多件行李或有行李超出了重量限度,则需支付超重行李费,可向所要搭乘航班的机场工作人员询问行李重量限度和超重行李收费标准。

★ 行李邮寄

如果回国时的行李特别多,可以先用快递邮寄一部分回国。在澳大利亚邮寄物品,除了可以选择当地的快递公司之外,还可以选择一些国际大型快递公司,较有保障。此外,还可以选择一些华人快递公司。

当地快递公司推荐		
名称	特色	网址
澳大利亚邮局(Australia Post)	一家国有公司,在信函、包裹与物流配送等业务方面有着较高的保障	auspost.com.au
一速递(One Express)	澳大利亚大型的民营快递公司,提供澳大利亚到中国的快递服务	www.oneexpress.com.au
FedEx	一家国际性快递集团,总部设在美国田纳西州,提供隔夜快递、地面快递、重型货物运送、文件复印及物流服务	www.fedex.com
UPS	世界上最大的快递承运商与包裹递送公司	www.ups.com
DHL	全球快递、洲际运输和航空货运的典范,也是全球第一的海运和合同物流提供商	cn.dhl.com

华人快递公司推荐	
名称	网址
AUEXPRESS(澳游快递)	www.auexpress.com.au
EFS(澳亚快递)	www.efspost.com/au
Aioexpress	www.aioexpress.com
EWE	www.everfast.com.au

管家提示

澳大利亚各大城市市中心都有多家邮局,邮局的营业时间为周一至周五9:00 ~ 17:00。如果想要邮寄信件、明信片之类的物品,可选择使用分布更加广泛的邮筒进行邮寄。邮筒分为红色和黄色,平邮信件需投入红色邮筒,黄色邮筒是快递专用。澳大利亚境内邮寄明信片邮费为0.60澳元,邮寄回中国的普通航空信(50克以内)邮费需2.6澳元。

卡斯尔梅恩邮局

Part 6
如何在澳大利亚自驾游

NO.1 准备

过来人经验谈

逐梦者·男·自由职业者·渴望周游世界

对于自驾，我之前参考了很多攻略，有的"驴友"说必须携带驾照公证件，有的则说不需要公证自己翻译即可。在出发之前，为了保险起见，我还是做了了驾照公证，并带上了公证件。在租车公司登记时服务人员只要了驾照和驾照自带的英文翻译。不过，我还是建议想要租车自驾的朋友提前在国内做一个驾照公证，以防租车公司对你的驾照不认可，而且没准在自驾时还需要用到公证件呢。

蓝咖啡·男·某公司总经理·注重旅行质量

为了深度体验澳大利亚的美丽风景，我们一家人选择了自驾游。和国内不同的是，澳大利亚当地几乎没有收费公路，这让我们自驾起来更加得心应手，感觉性价比比较高。

luishomecom·男·大学生·怀揣梦想，遇见生活

在澳大利亚自驾，获得一些交通旅游册、地图很有用处。首先，每个机场都设有信息台，里面提供很多实用的地图资料，那里服务的大妈也要"利用好"，她们往往很了解当地的出行信息。然后就是在每个城市中，也会有Tourist（Visitor）Information Centre（游客信息中心），里面同样有很有经验的工作人员为你的出行提供建议，其中悉尼的Visitor Information Centre位于中央火车站和环形码头。

★ 了解澳大利亚的公路状况

澳大利亚各主要城市之间有着四通八达的交通网络,有 3 种不同类别的公路:联邦高速公路(Federal Highways)、国道(State Highways)、地方公路(Local Roads)。大多数公路有两条车道,还有一些热闹的地方,如太平洋高速公路、普林斯公路等,有些路段便会分出多条车道。

★ 确定行程与路线

根据在澳大利亚旅行的时间,计算好每天大概要走的里程,提前确定好自驾行程与路线。旅行日程不宜安排太满,可在自驾中间阶段安排一天进行休息调整。

1 在地图上标注游玩地点

可先到网上下载一份澳大利亚地图,标注出想要去的城市和地区,勾勒出线路轮廓,完成线路初步设计。然后根据路线距离、在澳大利亚的旅行时间、预算等,对目的地进行取舍。

▲ 澳大利亚公路路线示意图

① 达尔文→布里斯班公路（Darwin to Brisbane via Highways）

② 悉尼→布里斯班高速公路（Sydney to Brisbane via Highway）

③ 悉尼→墨尔本公路/高速公路（Sydney to Melbourne via Hwy/Fwy）

④ 悉尼→墨尔本高速（Sydney to Melbourne via Highway）

⑤ 墨尔本→阿德莱德公路（Melbourne to Adelaide via Highways）

⑥ 墨尔本→布里斯班高速
（Melbourne to Brisbane via Highways）

⑦ 阿德莱德→达尔文高速
（Adelaide to Darwin via Highway）

⑧ 珀斯→达尔文高速
（Perth to Darwin via Highways）

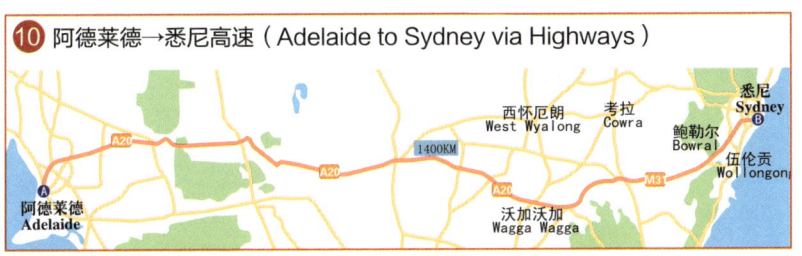

2 每天行车里程计划

在计划路线时,除了自驾人数、线路中的道路级别、目的地等因素,还要考虑每天的行车里程。在一天的行程中,高速公路多还是普通道路多,在市内道路还是乡村小道行驶等对行程都有影响。如果驾驶者只有一人,要每隔几小时休息一次才能继续前往,两名以上驾驶者可以轮流驾车。根据每天的行车里程,再调整线路计划。

★ 买一份中英文的地图

可以到网上或书店买一份澳大利亚最新的中英文对照地图,建议买标有公路编号的地图,这样可以提前熟悉澳大利亚的线路及地形。要知道,澳大利亚地广人稀,尤其是在内陆地区,电子设备往往接收不到信号,即使是有信号,但是为了防止电子设备没电的情况,还是建议携带一份中英文纸质地图。

★ 提前做好驾照公证

想要在澳大利亚短期自驾,需要持有国内驾照以及驾照正式英文翻译件,并持有有效的中国护照、签证,同时还需在国内事先做好翻译件公证,并随身携带驾照公证书。如果在来到澳大利亚之后仍需翻译驾照,可联系有资质的翻译员翻译。

澳大利亚各州对使用外国驾照驾车的规定不尽相同,其中北领地仅允许外国游客在来澳旅行3个月内使用自己国家的驾照开车,超过3个月后必须申请当地驾照或获得豁免当地驾照证明,但其他各州没有这种要求。可从下边相关的网站中了解更多相关信息。

了解各州对使用外国驾照驾车具体规定的相关网站	
各州/地区	相关网站
首都地区	www.rego.act.gov.au/licensing/licenceoverseas.htm
新南威尔士州	www.rms.nsw.gov.au/roads/licence/index.html
北领地	www.transport.nt.gov.au/mvr/about-us
昆士兰州	www.tmr.qld.gov.au
南澳大利亚州	www.sa.gov.au/topics/transport-travel-and-motoring
塔斯马尼亚州	www.transport.tas.gov.au/licensing/newtotas/overseas
维多利亚州	www.vicroads.vic.gov.au/Home/Licensing/NewResidentsVisitors/OverseasDriversLicences.htm
西澳大利亚州	www.transport.wa.gov.au/licensing/licensing.asp

tips

在澳大利亚租车千万不要忘记购买保险,建议在经济宽裕的情况下购买全额保险,这样在旅行途中即便把车子撞坏了,个人赔付最多也就300澳元左右,否则情况严重时赔偿金将无上限。不过,大多数保险公司不会对车上的玻璃或者轮胎损坏进行赔偿。

管家提示

如果选择到当地租车自驾,要自己携带GPS系统等导航设备,租车公司一般不会提供;可以提前购买一本《澳大利亚完全驾车手册》(Complete Motoring Atlas Of Australia),里面有关于自驾的详细、准确而易于查找的地图册。

澳大利亚各地都提供免费的"Information(旅游信息)"服务,服务地通常有个黄色的"i"标志。在"Information"里,可以免费获得当地的各种旅游资料、地图等,工作人员还会免费帮助游客寻找住宿地。

NO.2 租车

过来人经验谈

蓝咖啡·男·某公司总经理·注重旅行质量

澳大利亚的租车业非常发达，租车公司到处都是，如果选择一些较大的租车公司，可直接从其官网上预订。我们选择的是 Hertz 公司，该公司在机场设有专柜，下飞机后便可提车，非常方便，所提供的自驾车也很新。鉴于我们想要在澳大利亚自驾的区域道路比较平坦，我们选择了一辆凯美瑞，价格比较便宜，也是够用了。

逐梦者·男·自由职业者·渴望周游世界

去澳大利亚之前看到一些"驴友"们自驾房车的帖子，强烈的自驾愿望油然而生。到澳大利亚之后我将自驾的重点放在了大洋路和塔斯马尼亚岛上。由于对澳大利亚地形不太熟悉，就在网上联系了一个行程跟我差不多的朋友结伴出游，最终我们确定了租轿车在大洋路自驾，租房车在塔斯马尼亚岛自驾。

★ 租车自驾资质要求

澳大利亚的租车公司一般要求租车人年龄至少为 21 岁，只有少部分租车公司允许 18 岁的人租车。在租车时，需要出示护照和有效驾照，持中国大陆驾照者需要提供驾照英文公证书。21 岁到 25 岁之间的租车人通常每天需额外支付约 20 澳元的附加费，75 岁以上的租客一般需要提供医生出具的健康证明。

PART 6 如何在澳大利亚自驾游

★ 车友常用的自驾租车网

关于租车，可提前在网上比较几家大型租车公司的价格，然后再选择最经济的进行预订。可供选择的租车比价网站有：Discovery、DriveNow、CarHire、Rent New Cars、DriveLater、Rentalcars。

租车比价搜索 / 代理推荐		
名称	特色	网址
Discovery	提供 Avis、Budget、Europcar、Hertzand Thrifty 比价，价格比较低，且无取消费，但要注意取消条款	www.discoverycarhire.com.au
DriveNow	号称是澳大利亚最好的租车预订网站，是一个可信度较高的租车比价网	www.drivenow.com.au
CarHire	不是租车公司，主要提供比较各租车公司价格的服务	www.carhire.com.au
Rent New Cars	提供 Thrifty 和 Europcar 的比价服务，预订需谨慎，虽然价格低但取消或更改起来比较麻烦	www.rentnewcars.com.au
DriveLater	性价比较高的比价网	www.drivelater.com.au
Rentalcars	不做实际的租车业务，对 Hertz、Avisa、Europcar、Alamo、Budet、National、Dollar、Thrifty 等租车公司的数据进行比价，能找到性价比高的车子	www.rentalcars.com
租租车	国内租车代理，提供多国完善的租车代理服务。提供免费的 GPS 出租是一大亮点，价格有一定优势	www.zuzuche.com
VroomVroomVroom	可比较各大租车公司的价格	www.vroomvroomvroom.com.au

★ 学会挑选租车公司与车型

澳大利亚的租车点有很多，除了机场外，各大公司在澳大利亚各大城市和一些重要城镇里都设有不少租车点。租车公司车辆品种齐全，一般按车辆从小到大分为：经济型（Economy）、紧凑型（Compact Size）、标准型（Standard Size）和全尺寸（Full Size）等。租金和保险根据车辆所属车组和尺寸不同而有差异。可通过租车选择比较表，比较各大租车公司不同车型的价格，选出最适合自己的车型。

主要租车公司推荐

名称	特色	网址
赫兹（Hertz）	拥有众多的车型可供选择，车况较新，装备有GPS，并提供短期租赁服务——日租、周租和月租，租车门店分布在机场、市中心、近郊的商业中心、居住区和旅游胜地	www.hertz.com
安士飞（Avis）	全球第一大汽车租赁公司，提供商务租车、旅游租车、机场租车、自驾租车、代驾汽车租赁等全方位租车服务，租车网点密布全球	www.avis.com
苏立夫提（Thrifty）	世界上最大的租车公司之一，适合于精打细算的商务人士和休闲游客	www.thrifty.com
巴基特（Budget）	国际大型租车集团公司的澳大利亚分公司，可信度较高	www.budget-china.com
Europcar	国际性大型汽车租赁公司，在悉尼、墨尔本、布里斯班、堪培拉、珀斯、达尔文、霍巴特都有自己的网点	www.europcar.cn
Abel	澳大利亚本地的租车公司，规模不大，但价格不错，还提供皮卡、房车租赁	www.abel.com.au
DIY Car Hire	提供较多折扣	www.diycarhire.com.au

主要租车车型

车型	特色	代表
Economy（经济型）	经济型的微型车，耗油最少，最多可载4人，建议不超过3人，通常为两厢，行李箱较小，可装两件标准登机箱	雪佛兰爱唯欧（Chevrolet Aveo）、现代雅绅特（Hyundai Accent）、丰田雅力士（Yoyota Yaris）
Compact（紧凑型）	适合家用，较为省油，最多可载4人，建议不超过3人，有两厢车型和三厢车型，行李箱一般可装一件大行李和一件标准登机箱	福特福克斯（Ford Focus）、道奇酷博（Dodge Caliber）、尼桑骐达（Nissan Versa）
Standard/Intermediate（标准型/中档型）	适合家用，油耗一般，最多可载5人，建议不超过4人，多为三厢车型，行李箱可装两大件两小件行李	现代索纳塔（Hyundai Sonata）、起亚远舰（Kia Optima）、丰田花冠（Toyota Corolla）
Fullsize（全尺寸）	大型轿车，适合长距离旅行，较为耗油，最多可载5人，三厢车型，行李箱可装两大件一小件行李	道奇公羊（Dodge Charge）、福特金牛座（Ford Taurus）、日产阿蒂玛（Nissan Altima）

续表

车型	特色	代表
Luxury/Premium（豪华型）	大小与全尺寸车辆相同，配置更全面豪华，较为耗油，最多可载5人，三厢车型，行李箱可装两大件一小行件李	克莱斯勒300C（Chrysler 300）、福特皇冠（Ford Crown Victoria）、克莱斯勒太平洋（Chrysler Pacifica）
Van/Minivan（面包车/小型面包车）	适合较多人数家庭出游和拼车出游，适合长距离旅行，可载7人，可装载较多行李	道奇凯领（Dodge Caravan）、克莱斯勒大捷龙（Town&Country）、别克GL8
SUV（多功能运动车）	旅行用车多面手，可在路况较好的公路奔驰，也可在野地行驶，适合长距离旅行，较为耗油，按座位数可分5座和7座，可装载较多行李	M级：福特翼虎（Ford Escape）、吉普自由客（Jeep Liberty）；S级：大切诺基（Jeep Grand Cherokee）、福特探索者（Ford Explore）、雪佛兰开拓者（Chevrolet Equinox）；F级（7座）：雪佛兰Tahoe（Chevrolet Tahoe）
Exotic/Special（特殊车型）	个性突出的敞篷跑车，适合风景秀丽的景区公路，最多可载4人，较为耗油，车厢紧凑，可装载两件行李	福特野马版敞篷（Ford Mustang Convertible）、克莱斯勒赛百灵（Chrysler Sebring）

tips

1 选择车型要注意

在选择车型时，租辆小车就足够了，这样可以省油，行驶起来也比较方便。同时，澳洲的行车方式是靠左行驶，需要用左手挂挡，不习惯的话，建议选择自动挡的车，自动挡的车要比手动挡的车贵1~2澳元/天。

2 不同车型

若是想要节约成本，可租辆房车。如果是去人烟稀少的内陆自驾，可以租辆四轮驱动车，这种车可在各种路上行驶，但是不适合在市区行驶。如果可以的话，可以选择两轮驱动车，这种车型虽然空间比较小，但是比较省油，对于一般的旅程来说足够用了。如果想要自由畅行在小路上，则可选择租辆摩托车。

★ 学会网上租车

通过网络查询和预订是非常便捷的方式。你可以登录各租车网站了解各种车型的价格信息，查询是否有特别优惠活动，查看目的地租车门店的分布以及是否有便捷的取车点。此后便可选定某一租车公司并根据系统提示进行预订。下面以苏立夫提（Thrifty）租车公司为例，说明网上租车的流程。该公司对出租的车辆是不限里程的。

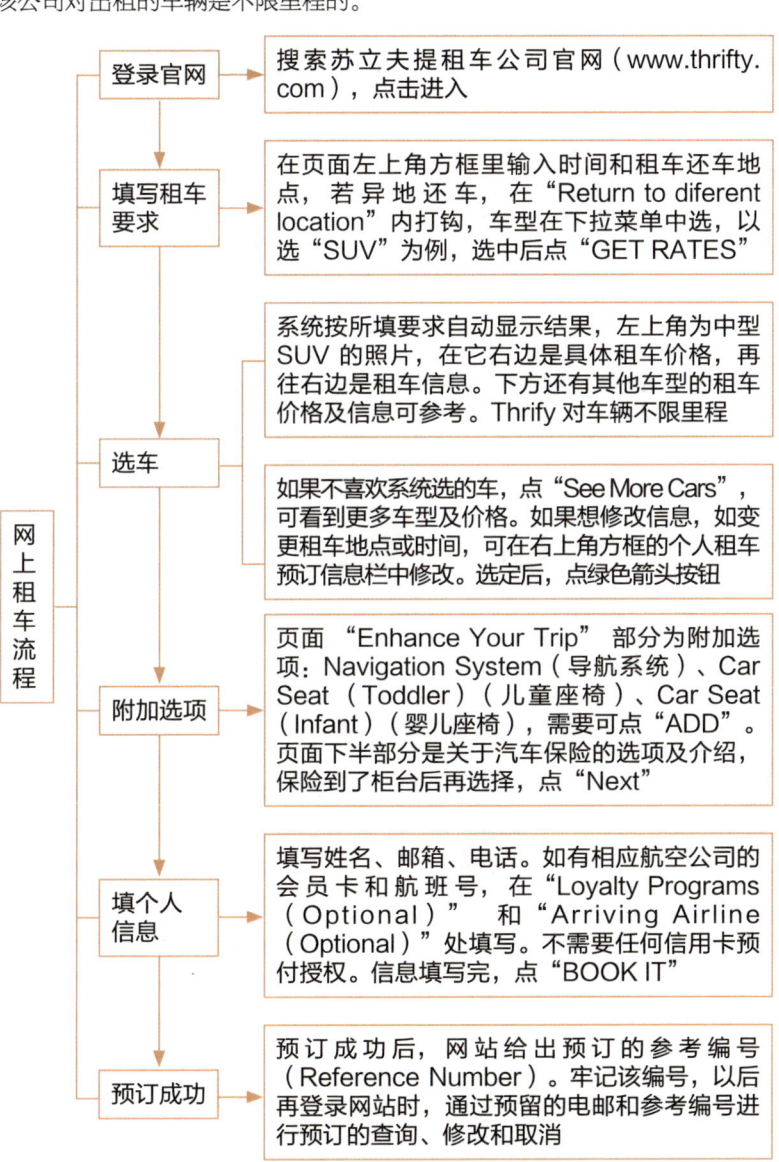

网上租车流程		
	登录官网	搜索苏立夫提租车公司官网（www.thrifty.com），点击进入
	填写租车要求	在页面左上角方框里输入时间和租车还车地点，若异地还车，在"Return to diferent location"内打钩，车型在下拉菜单中选，以选"SUV"为例，选中后点"GET RATES"
	选车	系统按所填要求自动显示结果，左上角为中型SUV的照片，在它右边是具体租车价格，再往右边是租车信息。下方还有其他车型的租车价格及信息可参考。Thrify 对车辆不限里程
		如果不喜欢系统选的车，点"See More Cars"，可看到更多车型及价格。如果想修改信息，如变更租车地点或时间，可在右上角方框的个人租车预订信息栏中修改。选定后，点绿色箭头按钮
	附加选项	页面"Enhance Your Trip"部分为附加选项：Navigation System（导航系统）、Car Seat（Toddler）（儿童座椅）、Car Seat（Infant）（婴儿座椅），需要可点"ADD"。页面下半部分是关于汽车保险的选项及介绍，保险到了柜台后再选择，点"Next"
	填个人信息	填写姓名、邮箱、电话。如有相应航空公司的会员卡和航班号，在"Loyalty Programs（Optional）"和"Arriving Airline（Optional）"处填写。不需要任何信用卡预付授权。信息填写完，点"BOOK IT"
	预订成功	预订成功后，网站给出预订的参考编号（Reference Number）。牢记该编号，以后再登录网站时，通过预留的电邮和参考编号进行预订的查询、修改和取消

图解关键步骤

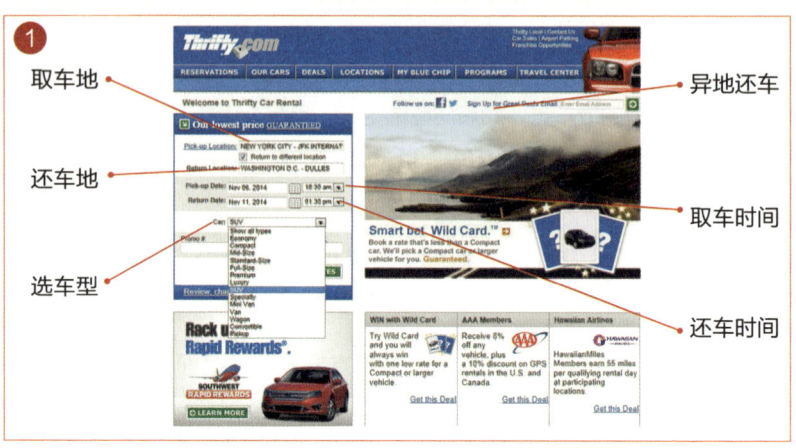

- 取车地
- 还车地
- 选车型
- 异地还车
- 取车时间
- 还车时间

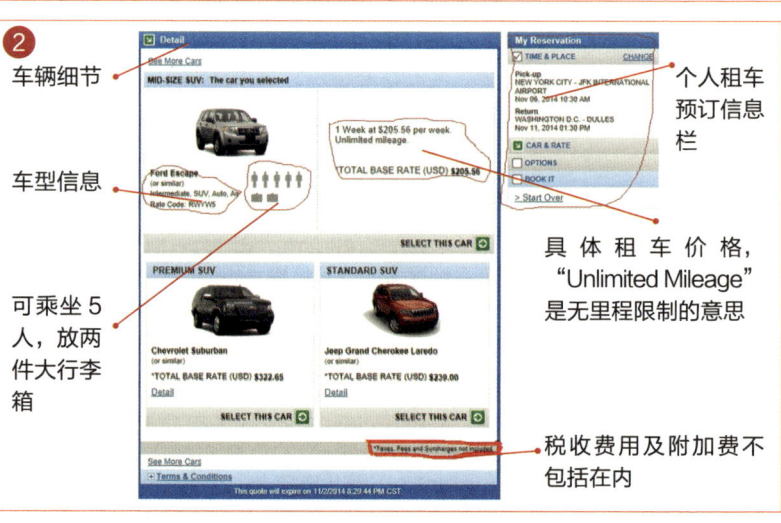

- 车辆细节
- 车型信息
- 可乘坐5人，放两件大行李箱
- 个人租车预订信息栏
- 具体租车价格，"Unlimited Mileage"是无里程限制的意思
- 税收费用及附加费不包括在内

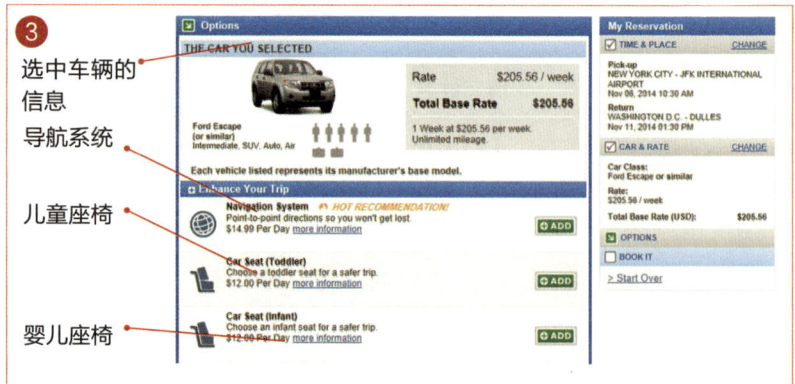

- 选中车辆的信息
- 导航系统
- 儿童座椅
- 婴儿座椅

④

填写个人信息,姓名、邮箱、电话

逐步完整的租车预订信息,按"CHANGE"可修改信息

可在此填写相应航空公司的会员卡和航班号

管家提示

在澳大利亚租车的价格为每天 60~80 澳元。租车价格除了基本租车费用(含税)、VRRF(Vehicle Register Recovery Fee)、管理费等项外,若是有机场提车、异地还车(有些公司会加收)、租车人小于 25 岁、超出规定的行驶公里数、租用额外的设备等情况,则需另付费用。

NO.3 提车

过来人经验谈

 逐梦者 · 男 · 自由职业者 · 渴望周游世界

澳大利亚各大机场外面都有大型的停车场，有专门的提车处。在机场内提取完行李后，就可到租车点办理手续，然后就可以提车了，非常方便。要注意，尽量从网上预订好，不然直接在现场租车价格会贵很多，而且，还可能遇到高峰时期汽车使用紧张的情况。

 Fashion 紫陌 · 女 · 时尚编辑 · 喜爱摄影

若在澳大利亚自驾，建议买全险。租车费用中通常只包含基本车险，这种基本保险不包括发生车祸等意外情况后的费用，而一旦发生车祸所需赔偿的费用一般难以支付，所以购买全险后就可以放心了。

★ 如何前往租车公司网点

机场及其附近

在机场取车一般有三种方式：

1. 租车公司柜台在机场航站楼内，直接办理取车手续，在机场内取车。

2. 拨打提车单上的门店联系电话与租车公司工作人员联系，工作人员驾驶车辆到机场到达大厅举牌等待，并现场办理租车手续。

3. 乘坐免费穿梭巴士抵达机场外的租车公司门店办理取车手续。在出机场海关后，留意"Rental Car Shuttles"之类的标志牌，按照指示抵达免费穿梭巴士停靠站台，向司机出示提车单，可与同伴一起携带行李乘坐免费穿梭巴士抵达车行门店。

市区及下榻酒店附近

可选择到离住宿酒店较近的门店去取车，价格相对便宜。市区有的门店在工作时间内会提供一定范围内的送车服务，需提供具体时间和地点。

一图学会办理手续

澳大利亚租车办理流程		
出示相关证件	→	出示本人护照或其他有效身份证件、驾照（有些租车公司还要求提供英文翻译件或者公证书）、提车单打印件和国际信用卡。如果多人驾车，需同时到柜台前出示驾照，并把名字列在租车单上
填信息	→	工作人员填写租用车辆的基本信息，复印驾照、证件之类的文件
保险选择	→	第三方保险是最基本的保险选项，通常会包含在登记费用之中。此外，还建议购买额外保险，这样在碰到意外的情况下，可以节省不少费用
提交信用卡	→	刷卡冻结押金，通常冻结的资金是实际租金的1～2倍，还车结算时，扣除实际发生额并归还其余冻结款
确认租赁合约、签字	→	仔细阅读租车合同中的内容条款及合同内相关的增值服务项，确认无误后签字。工作人员将提供租车合同、费用清单小票、车钥匙等，注意保管好所有合同及单据
车场验车、取车	→	一般顾客自行到车场，有时工作人员带领顾客去提车，仔细验车，验完做好记录即可开车上路

★ 提车注意事项

1 升级车型

如果预订的车没有了，工作人员通常会为你更换更高级的车型，这时应要求进行免费升级。如果忘记要求免费升级，可在还车时凭单据退回额外的费用。若原预订的车有供应，想选择更换成更高级车型组，须支付对应的升级车型费用，升级车型会产生对应租金差价，信用卡也会冻结相应额度，在还车时进行结算，通常是一次性缴付且须支付对应税费。

2 保险

租车时一定要买保险，租车公司的工作人员会解释保险的事情，如果购买了海外旅游意外险，可以考虑不再购买租车公司提供的顾客财产损失险。有很多信用卡公司的服务包括车险这一项，如果使用该信用卡租车，就不需要再买车险，可提前跟信用卡公司确定。一旦和别的车发生了碰触，打电话给保险公司，等他们来处理，不管谁错，千万别轻易说自己错。

常见的保险类型		
名称	**信息**	**备注**
车辆损失险（Collision Damage Waiver，CDW）	一般 7 ~ 20 美元 / 天。购买 Full CDW，产生碰撞、车祸或者是失窃等与车有关的问题，不用承担任何费用；若购买小 CDW，出险后可能要承担一部分费用	此项建议购买无须承担任何费用为好
第三方责任保险（3rd Party Liability）	一般 7 ~ 20 美元 / 天。出了事故，可替租车人负担损失的全部或一部分，是一种有限额的赔偿。租车公司还提供额外追加补助保险（Supplemental Liability Insurance，SLI）或 Additional Liability Insurance（ALI）的附加险，用以提高保险公司负担的数额，减少驾驶者的风险	建议一定要购买，一旦出现涉及第三方损失的事故，赔偿金额可能是天价，至于是否购买额外追加补助保险，可根据个人情况进行选择
个人险	包括 Personal Accident Insurance（PAI）和 Personal Effects Insurance（PEI），不少公司把这两种合为 Personal Protection Plan（PPP），每天价格 6 ~ 8 美元	如果个人在国内购买的保险包括在境外自驾出险的赔付，可考虑不购买 PAI；PEI 主要是对租车期间车内财物遗失的赔付，自己注意些，也可不用购买

续表

名称	信息	备注
道路救援（Road Assistance 或 Breakdown Assistance）	价格约为 6 美元 / 天，车辆在途中抛锚或爆胎，可拨打租车公司电话，租车公司会就近派遣工作人员为你更换车辆，或者进行更换轮胎等应急处理	不属于保险范围，只是租车公司提供的一项服务，准备跑长途和前往山区等地方的时候建议选购

3 空箱租与满箱租

租赁公司的车辆都是加满油的，如果你选择"空箱租"（We Refill）就需要先支付一箱汽油钱，还车的时候有多少油都无所谓。如果是"满箱租"（Your Refill），则不需要先支付油费，还时加满油即可，不然就要付费；若把未加满油的汽车开回门店，除了要支付未满部分的油费外，还需要支付一定数额的服务费。还车前的最后一次加油，油站必须在离还车点约 16 公里的范围内。

4 特殊装备

GPS 导航仪是必带的工具，多数公司的 GPS 可提供中文（粤语和普通话）导航，可以在预订或取车时索取。就算有了 GPS 导航仪，当地地图也必不可少。此外，澳大利亚要求儿童或婴儿乘车必须要有儿童或婴儿座椅，一般出租公司均可提供，不过需要额外付费。

5 验车

验车时，注意检查车辆是否有损坏、行车手续是否齐全。车辆的开关、车灯、油箱（是否满油）、转弯提示灯、雨刷、备用轮胎和车身刮痕等都要仔细查。顾客可做一个巡视（Walk-through），以确定车辆没有任何故障。一般大的租车公司会定期对车辆进行维修保养，交付使用的车辆一般都有质量保障。如果是小公司，一定要严格验车并做好记录，免得吃亏。驶出车库时，注意大门口地上设置的锯齿形路障，只能单向驶入或驶出，不可逆行。

管家提示

在机场取车和还车均需在停车场内进行，进入机场时能看到租用车辆停车处的明显标志，进出停车场无须缴费。在机场提车后，把车开到候机楼门前装行李即可。

NO.4 驾车

过来人经验谈

蓝咖啡·男·某公司总经理·注重旅行质量

澳洲行车原则为右舵靠左行驶的，初次自驾时还真有些不适应。为了尽快上手，我们租的是自动挡的车。不过，当地人都比较遵守交通规则，行驶起来还是比较顺畅的。在澳大利亚一定要按限速牌速度行驶，据说超速罚款很严重的。一般的测速照相设备上面都画着很大的"camera"，主要是为了提醒人们自觉不要超速。像学校附近等一些特殊地段，限速会有时间段，一般限速40公里/小时。

剪不断的山水情·女·摄影师·热爱生活，视角独特

跟朋友一起到艾尔斯岩自驾了一次，那边只有一条公路，双车相对行驶，一定要注意不要跑到对面车道上去。公路上的各种路牌标志比较明显，有些地段为人行区域，不能把车开到上边去。还有的地段存在一定的危险性，一般不允许中途停留。这里一般限速100公里/小时。

★ 规划线路有张有弛

自驾线路推荐

线路名称	特色	信息
大洋路	维多利亚州的一条沿海公路，建于悬崖峭壁中间，全长 200 多公里，沿途奇景不断，驾车飞奔在大洋路上，除了感受大洋路沿岸壮阔波澜之景外，还可经过吉隆（Geelong）、托尔坎（Torquay）、阿波罗湾（Apollo Bay）等风光秀美的小镇	10 月至次年 5 月是最佳自驾时间。在前往大洋路自驾之前，要注意提前查看天气，在海岸自驾风大，可以带上件冲锋衣，早晚温差大，还可带上一件棉衣用来御寒
塔斯马尼亚	塔斯马尼亚几乎有一半的面积是国家公园，有着迷人的海滩、宏伟的山脉以及众多珍贵的野生动物	可选择从霍巴特开始东海岸的自驾之旅
红土中心之路	达尔文—乌卢鲁—卡塔楚塔国家公园	可看到瑰丽的内陆地貌和色彩，领略到文化、自然奇观
南澳大利亚环线	弗林德斯山脉—阿德莱德—袋鼠岛	这条路线由两个小型的环线组成，包括南澳大利亚最为著名的景点

★ 了解当地驾车习惯

澳大利亚实行"右舵左行"的原则，也就是驾驶座在右侧，车辆靠左行驶。各州限速不尽相同，但大多数州限速一般为 100 公里 / 小时，建筑物较多的市区则限速为 60 公里 / 小时，没有限速提示的道路，如设有红绿灯或者是路边有房屋，通常限速为 50 公里 / 小时。

在主要路段上一定要仔细留意路旁的限速标志，在见到"STOP"的停止标志时，要将车完全停住。此外，澳大利亚环岛较多，环岛一般有 Give Way 标志，遇到该标志前需要减速，过环岛时须遵守"环岛让右"的原则，也就是让右边直行的车辆先行，同时如果是后进入环岛，则一定要让已经在环岛上的车先行。

★ 熟悉当地交通规则

开车前灯

在日出前和日落后，要开车前灯，其他时间不要开。而当一些野生动物，如袋鼠、鸸鹋等穿越没有防护栏的公路时，它们经常会被汽车前灯吸引而停下，此时可以暂时关掉前灯。

避让行人和校车

行人在人行通道上拥有绝对通行权,当有行人通过道路时,须停车让行人先通过,尤其要留意路边的儿童。在遇到校车时,需减速行驶。

必须系好安全带

司机和乘坐者(无论前排还是后排)均须系安全带,孕妇可视情况而定,婴幼儿须使用儿童安全椅,否则会被罚款。

避免酒驾和无证驾驶

一定不要醉酒和无证驾车,这属于刑事犯罪,将被罚款,甚至导致入狱。白天可能会遇到交警进行酒精测试,这在澳大利亚是很正常的。

勿超速行驶

街道或公路上有摄像头测速,超速行驶会被重罚。要注意,在不同路段、不同时间段,车速限制也有所不同,在学校周围早上和下午往往限速40公里/小时,而在北领地建筑物少的地方则不限速。

注意路况

澳大利亚的路况总体较好,但行车道比中国窄一些,很多高速公路为单向两车道,在确认安全无误后再并道。

★ 道路标志解读

澳大利亚除了右舵左行外,还有些特殊交通规则需要注意,要注意留心相关的道路标志。

常见标志

澳大利亚每条街上除了比较常规的指示方向的路牌外,还有很多画有小动物图标的警示牌

▲路牌

 限速结束	 限速60公里/小时	 限速100公里/小时	 前方路滑
 全部交通工具让行	停车让行	靠左侧行驶	 道路施工
 禁止掉头	 左侧车道结束	 道路合并	 前方道路结束 需要让路
 前方环岛	 前方道路曲折	 注意袋鼠 小心驾驶	 有松动的石头 请小心驾驶

▲ 澳大利亚常见图标

澳大利亚马路两边一般都有红绿灯，人们大多是按照红绿灯的指示行动。此外，街道上的红绿灯还有行人信号装置，用于人工切换红绿灯。当你要过马路时，可以先按下按钮，等几秒钟绿灯亮了就可以通过了

行人可按转换红绿灯

▲ 红绿灯

最常见的减速标志就是"Reduce Speed Now"

当到达岔路口时，会发现"Give Way"的牌子。按照规定是主路上的车有优先行使权，不需要管岔路上有什么车，岔路上来的车都要让行

还有一些特色标志，比如从岔路口上主路前，会看到"Slow Vehicle Turnout 200m"这样的标志，意思是"前方200米处有岔路，减速"

保护动物减速牌（高速已经杀掉了很多火鸡，希望减速以保护这些动物）

▲减速标志

澳大利亚的高速公路上，限速标志比较常见。

限速 20 公里 / 小时

前方学校，限速 25 公里 / 小时

前方限速 80 公里 / 小时

▲限速标志

墨尔本因为有电车，自驾起来也会比较特殊，有些十字路口针对右拐车辆会实行钩型转弯（Hook Turn）的规则。碰到这种指示牌，车辆需要右转时，需要将车先开到最左侧车道并打右侧转向灯；当绿灯亮起，由最左边车道驶入十字路口；保持靠左，将车驶到十字路口最左侧（贴近左侧人行横道，但不要占用人行横道）；等候要转入的那条街交通灯变为绿色，在安全的情况下右转驶入车道。在路口等待时，左侧的车辆必须等你完成右转后才可以直行。

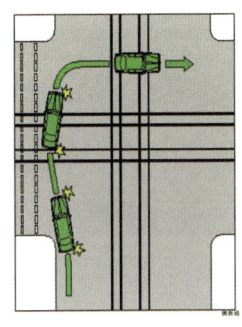

运行示意图

▲特殊标志

★ 公路收费

澳大利亚的公路基本不收费，仅有少数的收费公路，而且收费也不高。

收费公路

★ 掌握停车技巧

留意停车标志

澳大利亚的停车处几乎无人看守，但会有人查询缴费情况，所以要自觉付费，并将缴费凭据置于车前窗。此外，不要将车辆停在残疾人车位及其他人专用预留停车位上。

▲ 停车指示牌

▲ 地下停车位指示

◀ 澳大利亚停车位付款处

禁止停车标志

　　禁止停车标志有很多种，有些道路是除巴士以外，其他车辆不能停；有些道路是在7:00～19:00（周一至周六）不能停车。

不许路两边停车

马路右侧不能停车

马路右侧是被预订的专用车位（不能乱停）

周一至周五 6:30~9:30 及 15:30~18:30 路两侧不可停车；周一到周五 9:30~15:30 及周六 9:00~12:00，两侧可以停车2小时

周一至周五 8:00~5:30，周六 8:00~12:00，在该标志牌右侧车位可以停车2小时，但必须买票（购票机就在停车位旁），买完票放在车窗前。

仅限停放残疾车
▲ 禁止停车标志

★ 学会加油

在澳大利亚，如果取车时油箱是加满油的，还车时也一定要加满油，不然会被扣很多钱。澳大利亚的加油站多为自助服务，通常在城市内加油会比郊区便宜，而且可以直接刷银联卡。如果是去比较偏远的地方自驾，可以自己带上备用汽油。要注意区分汽油与柴油（Diesel），一般自驾车需要加汽油，通常汽油比柴油贵一些。汽油也分不同型号，包括标号为91号的普通无铅汽油（Unleaded），还有标号为98号的高效能汽油（V-POWER），一般车型加普通的无铅汽油即可。

汽油站类型

澳大利亚的加油站主要有壳牌（Shell）、BP、CALTEX三大品牌，同时还有一些小型加油站，如MOBI、TOTAL等。澳大利亚的加油站都提供免费的清水、玻璃刮板、气泵，可方便车主在加完油后清洁车的玻璃，或者给轮胎打气。

加油付费方式

澳大利亚通常是先加油，再付钱，可以在加完油之后到柜台报上加油机号交钱即可。付款时，可以直接用现金付款，也可使用信用卡支付。

加油

澳大利亚的汽油价格浮动频率很大，很可能在一天之内就会发生变化，一般在每个星期二的时候汽油价格最低。

tips

有的加油站会与超市Coles和Woolworth合作，购满30澳元的东西，便可得到加油优惠券，找到指定加油站，加油时出示优惠券便可获得折扣。

★ 故障/违章/意外事故处理

故障

如果车辆在城市内发生故障或被损坏，立刻打开应急灯（双闪），在安全的前提下换道并停靠在路边的安全地带，检查故障，在需要的情况下可直接联系租车协议上的门店或道路救援电话，租车公司会及时给你提供相应的帮助。如果在偏远地区出现故障，不要轻易离开汽车，可拨打000或112报警电话等待救援。

违章

在澳大利亚，一定要严格按照限速牌上指示的速度行驶，超速会被处以重罚，也不要出现违规停车等违反当地交通规则的事。一旦违章，将被处以重金罚款，在收到交通罚单后，要及时凭罚款单到银行等指定地点缴纳罚款，勿当场将现金交给警察。如果没有及时缴纳罚款，交通局会直接开罚单到租车公司，那样会多收50澳元的手续费。

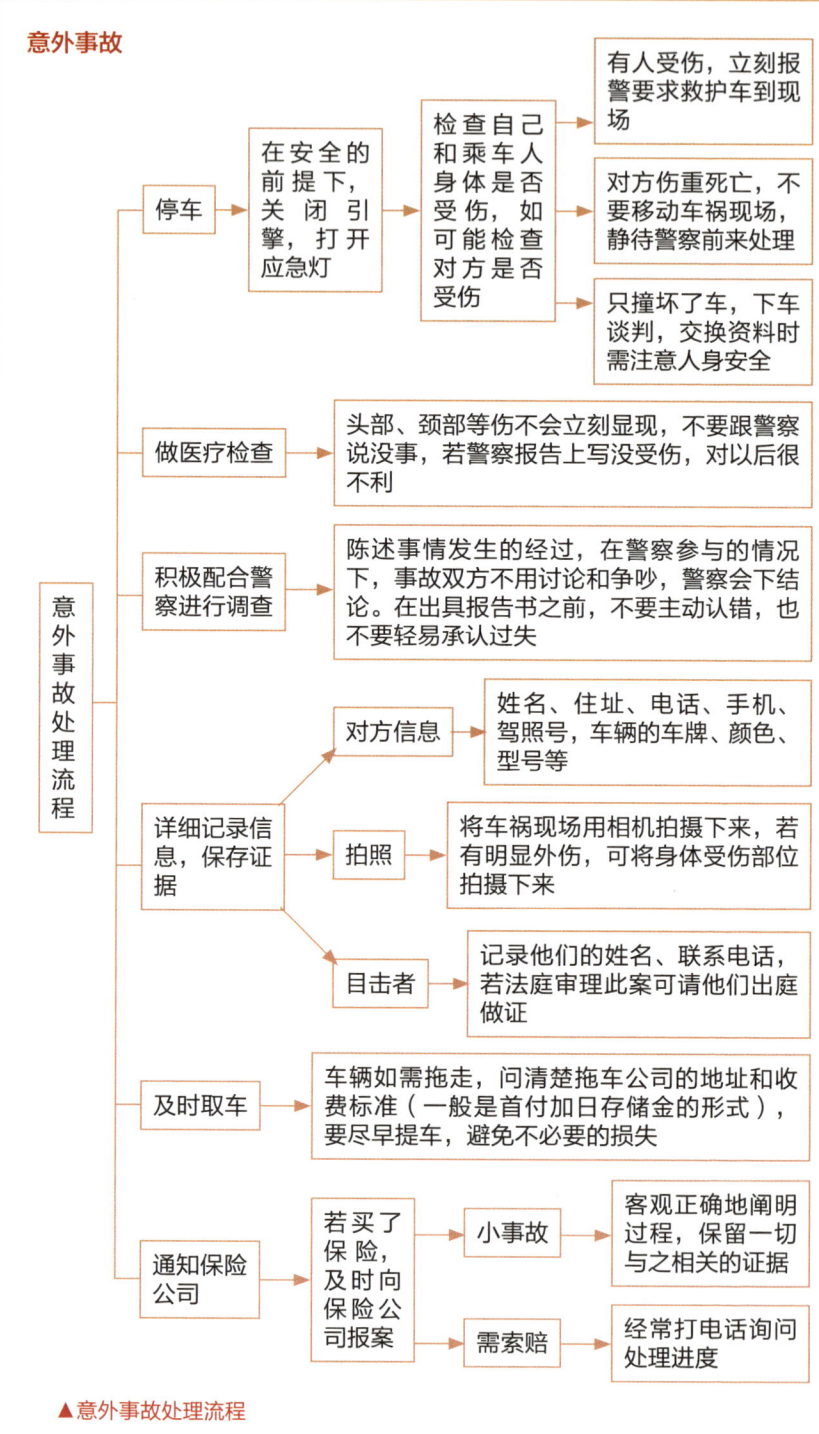

▲意外事故处理流程

> **tips**
>
> 如果出现意外事故有人受伤，应立即拨打或请路人协助拨打000或112报警，可呼叫警察、救护车或消防车。如果是非紧急情况，可致电131444报警。如果不会讲英语，至少要对警察讲出"Chinese（中文）"等相关词语，警察会提供翻译。在接受警察询问时，要保持冷静。

★ 随车设备有备无患

GPS导航仪

GPS导航仪一般有多种语言支持和蓝牙支持，简单易懂，能够提供建议路线规划、语音提示和图像提示。你可以按地址或分类进行搜索，同时可以输入餐厅、酒店或其他具体目的地来搜索。赫兹租车公司在美国多数门店的GPS可提供中文（粤语和普通话）导航，可以在预订或取车时索取。离开车时，一定要把GPS放到看不到的地方，否则很可能会被人砸碎玻璃偷走。

当地最新地图

有了GPS导航仪，当地最新地图也必不可少。地图可以很方便地买到，也可以到机场旅游服务中心去索取，有些加油站会提供免费地图。建议在出发前标明目的地，以防途中问路时由于语言不通而表达不清楚。

必备物品

在外自驾，尤其是在澳大利亚野外或者是内陆地区，尽量随车携带急救包、足够的水、指南针、汽车备用轮胎等物品，可以应对自驾时的一些突发问题。

雪地轮胎 / 防滑链 / 滑雪板架

如果是冬天，车辆会行驶在雪地和结冰的路面，建议使用雪地轮胎或防滑链，可以在预订或取车时提出要求，并在取车时支付相关额外费用。有些租车公司在运行的主要滑雪点会随时提供滑雪板架。

管家提示

在驾车时，不可使用手机拨打或接收电话，可使用车载蓝牙等方式免提接听；不要轻易前往人迹罕至的深山、戈壁（即便是国家公园）旅行，以免发生危险；长途驾车旅行前要注意维护车辆，确认好车况，计划好路线，并带足汽油、水、食品，还要同时把行程留一份给亲友。

想要到内陆地区自驾，要注意查询当地路况，每年12月至次年2月雨水较多，下雨会给自驾带来很大的不便；遇到紧急情况，不要远离汽车，也不要试着躲在汽车内，因为这时候车厢内的温度往往会更高。

NO.5 还车

 过来人经验谈

 剪不断的山水情·女·摄影师·热爱生活·视角独特

还车的程序很简单,你只需将车开到指定的还车处即可。要注意还车前一定要加满汽油,因为当你将车停到指定位置后,会有工作人员为你做全车检查,主要看车是否有损坏以及油箱是否满油,如果油箱未加满油,租车公司会以市价的3～4倍的价格来收费。当时我们为了赶飞机没有将油箱加满油,结果直接损失了90澳元,真是损失惨重啊。在工作人员检查完之后即可交还车钥匙,无须办理其他文件手续。相关的租车费,出租车公司会在48小时内在你之前登记的信用卡上扣款,同时会将账单明细发给你。

★ 机场还车

机场还车流程:
- 前往机场门店 → 进入机场范围，留意道路指示牌，会有关于租车公司专用的"Rental Car"路牌指示，选择正确车道行驶
- 抵达租赁门店
  - 人工还车 → 工作人员会对车辆进行检查，然后记录车辆返还的时间和车辆状态
  - 自助还车 → 用相机或手机拍下车辆外观照片（包括车顶），开启时间显示功能以证明拍照的时间，以免日后发生纠纷
- 索取收据
  - 人工还车 → 在还车站点向工作人员索取票据
  - 自助还车 → 无须向工作人员索取票据
- 乘免费穿梭巴士前往机场候机楼 → 携带行李抵达穿梭巴士停靠站台，告知司机航空公司的名称和航班号，下车后不要遗忘个人物品
- 退还押金 → 如果租车期间没有违章，通常一个月内，押金将自动解冻，归还至信用卡中

▲ 机场还车流程

★ 异地还车方便快捷

　　如果不想走回头路，可以选择异地还车，通常大型的租车公司都会有这项服务。只要在选择完取车门店和还车门店后能够顺利完成预订，订单就有效，也就表示支持异地还车。

> **管家提示**
> 　　最好在营业时间内返还汽车，异地还车可能会收取费用，收费标准根据不同供应商以及取还车门店而有不同。

Part 7
澳大利亚主题游
精选

NO.1 国家公园之旅

自 1879 年古老的皇家国家公园建成之后,澳大利亚各个州、区的国家公园也相继建设起来。当你踏上这个充满野性的国度,想要迫不及待地领略神奇的自然风光、和那些可爱的本土动物接触时,那些韵味独特的国家公园自然不能错过。

🎀 过来人经验谈

 剪不断的山水情 · 女 · 摄影师 · 热爱生活,视角独特

听当地的朋友说,澳大利亚最美的国家公园都集中在西澳大利亚和北领地,而东海岸则以美丽的海岸线风光引人入胜。所以我就跟朋友们一起去了澳大利亚最大的国家公园——卡卡杜国家公园。在那里,最让我惊叹的不是一些朋友口中的古老植物,而是数量众多的原住民岩石画,当我看到那些古老的人类留下的画作时,我忍不住想要更深入地探索其中的奥秘。

 行走路途间 · 男 · 某公司职员 · 痴迷旅行

从悉尼坐了一个半小时的大巴,来到了郁郁葱葱的蓝山国家公园。我喜欢这里的云海,让我感觉有点像黄山,倍感亲切。我参加的是蓝山一日游旅行团,旅游车后来开到了美丽的蓝山小镇卡通巴,这里的观景台上挤满了拍照的人,顿时让我了无兴趣。如果时间充裕,并且熟悉当地的话,还是自助游比较好,晚上能在这样的小镇住上一晚,想想都幸福。在这里我还看到了传说中的三姐妹峰。

▲ 澳大利亚主要国家公园分布示意图

卡卡杜国家公园

卡卡杜国家公园（Kakadu National Park）以其丰富的原住民岩石画艺术而闻名世界，已被列入了世界文化遗产名录中。在公园内可以看到嶙峋的峭壁、茂盛的雨林以及历史长达5万年之久的珍贵的土著人的岩画艺术，更有众多生活在沼泽湿地的水牛、鳄鱼、多种水鸟等野生动物。此外，公园内还有一条1公里长的环形路，路两侧岩岩上精致的岩画线条与独特的色彩生动形象地描绘了土著部落曾经的社会生活。

🏠 **地址** 北领地北部
✏️ **电话** 08-89381120
🕐 **网址** www.environment.gov.au

tips

1. 看鳄鱼的好去处

如果你想看鳄鱼，可到公园事务所以南的柯因克游船码头，乘旅游船去黄水河巡游（Yellow River Cruise）。这里每天有 90 分钟游览和 120 分钟游览两种航程时间的游船可供游客选择。推荐乘坐 6:45 出发的 120 分钟游程观光船去看鳄鱼和水鸟。

2. 欣赏原住民艺术

可以在诺尔朗吉岩（Nourlangie Rock）参观土著先民凿出的岩缝，也可以在安班刚画廊（Anbangang Gallery）观看闪电人画像，还可在乌比尔岩石（Ubirr Rock）观看有着近 2.3 万年历史的彩虹蛇（Rainbow Serpent）画。

3. 自驾游玩

可以驾驶四驱越野车从达尔文出发，沿着大自然游览路线（Nature's Way）行驶，沿途穿越卡卡杜国家公园、利奇菲尔德国家公园和尼特米鲁克国家公园。

蓝山国家公园

蓝山（Blue Mountain）曾被英国伊丽莎白女王二世誉为"世界上最美丽的地方"，因公园内部的尤加利树在阳光照射下会泛出淡淡的蓝雾而得名。在公园中，那一道道宏伟壮观的山脉，笼罩在蓝色氤氲之中，有种神秘脱俗之美。公园中最著名的景点莫过于拥有美丽传说的三姊妹峰和壮观的温特伍斯瀑布了。

- **地址**　在悉尼以西约 100 公里处
- **交通**　从悉尼中央车站搭乘 "Blue Mountain Line" 火车前往卡通巴，步行换乘观光循环巴士可到
- **电话**　02-47878877

tips

1. 俯瞰蓝山美景

可到卡通巴地区的蓝山美景世界（Scenic World）中去，在那里可 360 度观赏蓝山美景。那里有长达 720 米的空中缆车（Scenic Skyway），缆车

底部竟然是由透明玻璃制成,从缆车中饱览三姊妹峰、温特伍斯瀑布等蓝山美景,一定很刺激。

2 精彩的冬日圣诞节
每年 6~8 月,蓝山都会举行热闹非凡的冬日圣诞季节欢庆活动,期间游客可围在熊熊火堆旁尽情享用圣诞烧烤与布丁。

3 游玩需注意
尽量选择在天气晴朗的时候游览蓝山,此时的蓝山能见度较高,景色更秀丽;山上温度较低,可自带一件外套;热带雨林气候非常潮湿,路上会有苔藓等植物,非常容易滑倒,建议穿防滑、轻便的运动鞋,徒步时要小心。

乌卢鲁 – 卡塔楚塔国家公园

乌卢鲁 – 卡塔楚塔国家公园以拥有艾尔斯岩(乌卢鲁)和卡塔楚塔(Kata Tjuta)这两个著名景点而闻名,在这两处神奇的地方,你将观赏到壮观的岩石以及岩石在一天中不断变换颜色的神奇景象。

- **地址** Lasseter Highway Uluru NT 0872
- **电话** 08-89561128
- **网址** parksaustralia.gov.au

tips
艾尔斯岩和卡塔楚塔是当地土著顶礼膜拜的圣地,绝对禁止攀登。你可在游客信息中心拿到《游客指南和地图》,里面有艾尔斯岩周围的徒步行走路线,其中环岩石徒步路线(Base Walk)很受欢迎,你可绕岩石而行,经过洞穴、岩画等一些看点。此外,你也可以搭乘直升机从岩群顶端欣赏公园的壮观美景。

其他国家公园

其他国家公园推荐		
名称	地址	网址 / 电话
皇家国家公园	从悉尼哈金港(Port Hacking)一直向南延伸 20 公里	www.environment.nsw.gov.au

续表

名称	地址	网址/电话
巴林顿高原国家公园	悉尼猎人谷中	www.nationalparks.nsw.gov.au/Barrington-Tops-National-Park
菲尔德山国家公园	霍巴特西北方向64公里处	www.parks.tas.gov.au
摇篮山国家公园	塔斯马尼亚州西北部	03-63943535
卡尔巴里国家公园	卡尔巴里（Kalbarri）	kalbarri.org.au
塔拉保佳国家公园	维多利亚州南吉普斯兰（South Gippsland)地区	parkweb.vic.gov.au
可西欧斯可国家公园	新南威尔士州东南部	www.nationalparks.nsw.gov.au/kosciuszko-national-park
福琳德斯凯斯国家公园	袋鼠岛西端	08-85534450
纳玛吉国家公园	堪培拉西南部约29公里处	tams.act.gov.au

管家提示

1 公园中的服务

若想在公园内露营，可到公园的游客中心办理露营许可，游客中心通常还会为你提供一些地图和详细信息，包括徒步线路，或者是租赁划艇、水上摩托车和自行车等信息。如果想在公园进行徒步，尽量提前查看行走的长度和难度，并考虑请本地向导带队进行长途或富有挑战的行走。可登录澳大利亚公园管理处（Parks Australia）网站www.parksaustralia.gov.au，了解有关路径状况和危险指数的最新信息。

2 公园自驾

澳大利亚的国家公园风景优美，选择自驾游玩可收获不错的旅行体验。蓝山国家公园就有许多驾车路线，热门的自驾地还有麦克阿瑟（Macarthur）、南方高地（Southern Highlands）、穆奇（Mudgee）、猎人谷（Hunter Valley）等周边地区。围绕著名的卡卡杜国家公园和凯瑟琳绕行的自驾路线也很受欢迎。

3 了解火灾常识

春季末到夏季是火灾危险期，在这段时间前往国家公园旅行，应注意提前了解森林大火的风险。在公园中进行野外露营时，应该遵守路上的警告标志和全面禁火命令，在指定的生火地点生火，在离开时一定要用水把火彻底浇灭。

NO.2 海岸之旅

澳大利亚拥有长达 50 000 公里的海岸线,是探索海岸风光的理想地点。得天独厚的条件,吸引了众多人前来度假、游泳、冲浪、潜水。

 过来人经验谈

 luishomecom · 男 · 大学生 · 怀揣梦想,遇见生活

我一路沿着澳大利亚东海岸走,一路有海滩,但黄金海岸与众不同。如果说五岳归来不看山,那么黄金海岸归来不看海了。我起了个大早,跑到黄金海岸主海滩上看日出,感觉那浅黄色微光似乎可以穿透心灵,仅仅是安静地坐下来观赏着美好的一幕就感觉是再幸福不过的事了。因为我不会游泳、不想冲浪,又怕晒黑,所以一开始还犹豫要不要来黄金海岸,现在看来,可以说澳大利亚之行没有遗憾了。

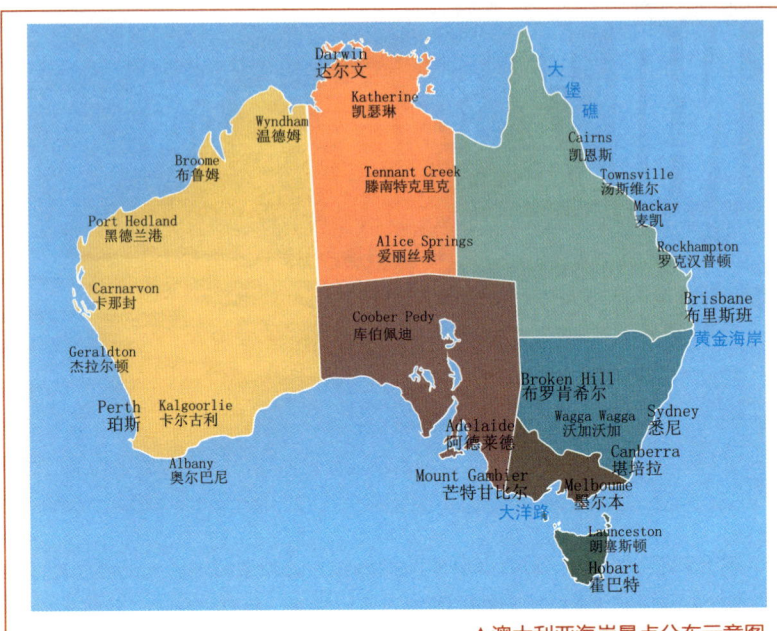

▲澳大利亚海岸景点分布示意图

大堡礁

说到澳大利亚，第一个出现在大家脑海中的词汇应该是大堡礁（Great Barrier Reef）吧。作为世界上最大最长的珊瑚礁群，这里生存着四百余种珊瑚，千姿百态的珊瑚编织成一个五彩斑斓的神奇世界。在这样一个美丽、神奇的地方，乘游船观赏那绵延不绝、色彩斑斓的珊瑚景色，简直美不胜收。

🚍 **交通** 乘船或直升机从凯恩斯大堡礁船队码头及附近出发，乘船需用 1～2 个小时，乘直升机需 20 分钟左右即可抵达外堡礁的海上浮动平台

tips

1 水下观光
想要真正领略大堡礁的美，还要进行水下观光。观赏水下世界可走水路，也可走旱路。穿上游泳衣、浮潜漂浮衣等一系列潜水装备，便可走水路观光了。在观光时，不要站在珊瑚上，防止腿脚被划伤。

2 内堡礁和外堡礁

大堡礁分为内堡礁和外堡礁，其中内堡礁的价格较便宜，海上航行时间短，在这里常常看不到真正的珊瑚和鱼类，而且稍有风浪海水易变浑，不利于水下观光，不过如果不喜欢水下观光，在这里走走也不错。如果想真正领略大堡礁风情，资金也充裕，还是建议到外堡礁看看。

黄金海岸

黄金海岸由众多美丽的沙滩组成，这里的沙滩沙质松软、色黄如金，所以有黄金海岸的美称。在这里，可以悠闲地晒日光浴，或者进行一次刺激的冲浪活动，即使仅仅在沙滩上吹吹风，也是一种很惬意的享受。晚上还可到黄金海岸附近的渔人码头餐馆(Fisherman Wharf)，品尝美味海鲜。

🏠 **地址** 昆士兰州布里斯班以南 78 公里处

tips

黄金海岸拥有澳大利亚最佳、最稳定的海浪，推荐几处绝佳的冲浪地：鲷鱼岩超级沙坝、斯比特(Spit)、主海滩(Main Beach)、棕榈海滩(Palm Beach)、美人鱼海滩(Mermaid Beach)、季拉海滩(Kirra Beach)等。

大洋路

蜿蜒的大洋路(Great Ocean Rd.)是全球最佳的旅游观光地点之一，它就像是一条神奇的天堂之路，有着宁静的海湾、葱郁的热带雨林以及那举世无双的十二使徒岩石柱。驾车于大洋路上，你可观赏到历史韵味十足的海底沉没船只、种类繁多的野生动物、风景如画的小镇以及史上著名的金矿区。此外，在这里看日出与日落，也是一种很棒的体验。

🏠 **地址**　从墨尔本西部的 Torquay，经由洛恩（Lorne）、阿波罗湾（Apollo Bay）、Port Campbell 一直延伸到瓦南布尔（Warrnambool），总长约 250 公里

📞 **电话**　大洋路旅游中心 1800-620888/03-52755797

tips

从大洋路出发沿海岸线走到终点大约需要四个小时，如果不赏景，只为节省时间穿越的话，可走内陆高速公路。值得注意的是，大洋路上城镇较少，加油站不多，价格也比较贵，建议在出发之前加满油。

拜伦湾

拜伦湾（Byron Bay）是澳大利亚大陆最东边的小镇，以有着长长的冲浪线的沙滩和标志性灯塔闻名。这里吸引了众多热爱自然、喜欢自由和慵懒生活的年轻人，他们在这里无忧无虑地进行冲浪、潜水、跳伞、皮划艇等海上活动。此外，到灯塔上看日出是来到拜伦湾必做的事情之一。

🏠 **地址**：新南威尔士州北海岸的北端

 管家提示

1. 水上运动需注意
在进行游泳、冲浪等水上运动时，一定要注意海水中隐藏的各种危险。随时注意海浪、潮汐变化，要格外警惕离岸流（Rip Currents）现象，它可能会突然出现在有礁石环绕的海滩上。如陷入离岸流之中，要保持冷静，向离岸流垂直方向游出。

从 10 月至次年 4 月，澳大利亚热门的海滩通常有义务救生员巡查，他们还会用红色和黄色旗帜标出安全游泳区域。建议在这些旗帜标出的区域游泳，并与其他人结伴。

长时间驾车或进行剧烈运动后不要从事水上活动，否则容易出现体力不支或抽筋现象。

2. 潜水注意事项
如果想潜水，可在当地潜水经营者处或联系你所在州的潜水行业协会（Diving Industry Association）了解有关潜水的相关信息。在大堡礁的外堡礁潜水时，需要穿好保护服，并时刻注意警告标志，虽然珊瑚礁十分美丽，但是一定不要随意触摸它们，因为许多珊瑚是有毒的。

NO.3 海滩之旅

在澳大利亚50 000多公里的海岸线上，拥有不计其数的海滩。这些美丽的海滩处处风景迷人、引人入胜，是放松休闲的好去处。

过来人经验谈

剪不断的山水情·女·摄影师·热爱生活，视角独特

圣基尔达海滩是距离墨尔本市区最近的海滩，从市中心联邦广场乘坐16路有轨电车，大概半小时就能到达。我们大概7:00到达了这个美丽的海滩，由于比较早，前来游玩的人还比较少，我们在海滩上走了一个来回，看着美丽的风景，心旷神怡。

luishomecom·男·大学生·怀揣梦想，遇见生活

邦迪海滩应该是悉尼最受欢迎的海滩之一了，仅仅是走在海滩上，就是一种享受。悉尼夏天正午的阳光很强烈，亚洲人的肤质很容易晒伤，我认为最佳的步行时间是下午，下午漫步在邦迪海滩上，阵阵海风吹过，感觉很惬意。

PART 7 澳大利亚主题游精选

▲ 澳大利亚海滩分布示意图

邦迪海滩

邦迪海滩（Bondi Beach）是在南海滩和北海滩中最受欢迎的海滩。"Bondi"在当地土著人语言中为"岩石上的浪花"之意。无论冬季还是夏季，邦迪海滩的环境都非常舒适，尤其是夏季，这里是晒日光浴和冲浪的绝佳地点。

- **地址** 悉尼商业中心区以东约7公里
- **电话** 02-83623406
- **交通** 乘333、381、382等路公交车到Campbell Parade Opp Hall St. 站即可

tips

邦迪海滩有条通往库吉的徒步线路，在这条路线上可观赏到海滩边大海侵蚀而成的砂石悬崖景观。你还可站在库吉海滩（Coogee Beach）的半圆形大看台上，将整个海滩的美景尽收眼底。

曼利海滩

曼利海滩（Manly Beach）是悉尼人最为喜爱的海滩之一，拥有美不胜收的自然风光，以及各种别致的购物商店和新潮精品店，当然还有汇聚世界各地风味的美食街。可从悉尼环形码头（Circular Quay）乘船前往这里，沿途可观赏到悉尼众多美景。

- **地址** North Steyne St.,Sydney
- **电话** 02-99761430
- **交通** 乘 136、139 路公交到 Manly 站下即可
- **网址** www.manly.nsw.gov.au

> **tips**
>
> 曼利游客信息中心（02-99761430，周一至周五为 9:00 ~ 17:00，周末及节假日为 10:00 ~ 16:00）会提供一些有用的信息和建议，其中还有一些小册子和地图。

冲浪者天堂海滩

冲浪者天堂海滩（Surfer's Paradise Beach）有着绵延的金黄色海滩和绝佳的冲浪场地，吸引了众多慕名而来的度假者。在海滩上，悠闲地晒日光浴，时不时看到冲浪者拿着冲浪板大显身手，别有一番滋味。

- **地址** 黄金海岸中心梅恩海滩路
- **电话** 07-55920155
- **交通** 从黄金海岸步行可抵达

> **tips**
>
> 每周三和周五 17:30 ~ 22:00，在冲浪者天堂海滩附近的沿海大道上，都有热闹的海滩夜市，可在那里挑选一些富有当地特色的工艺饰品。

PART 7 澳大利亚主题游精选

其他海滩

其他海滩推荐		
名称	地址	特色
白色天堂海滩（Whitehaven Beach）	Whitsunday Island QLD 4802	以成片的红树林和洁白的沙滩而著名
贝克海滩（Shelly Beach）	西澳大利亚州丹汉姆（Denham）45公里处	这个隐蔽的小海湾拥有平静的浪、清凉的水，几乎没有大浪，是游泳的最佳场所
库尔加塔海滩（Coolangatta Beach）	昆士兰州库尔加塔（Cool langatta）	安全性较高、老少皆宜
科特斯洛海滩（Cottesloe Beach）	西澳大利亚州珀斯	珀斯最受欢迎的海滩之一，也是冲浪爱好者的最爱
圣基尔达海滩（St.Kilda Beach）	Jacka Boulevard, Melbourne, Victoria	距离墨尔本市中心最近的海滩
库吉海滩（Coogee Beach）	新南威尔士州库吉（Cogee）	有金色沙滩和风光秀美的海岸步行道
凯布尔海滩(Cable Beach)	西澳大利亚州的市鲁小镇附近	波浪平缓，适合游泳、晒日光浴
海姆斯海滩（Hyams Beach）	悉尼南面约200公里的杰维斯海湾	被称为世界上最白的海滩

管家提示

1 远离危险动物

11月至次年4月，热带水域经常会出现水母。大多数热门的海滩都会设置防水母保护圈，此时只能选择在防水母保护圈内游泳。

2 注意防晒

澳大利亚的阳光非常猛烈，注意采取穿衬衫、戴帽子和太阳镜，涂防晒霜等措施，防止晒伤，即使阴天也不要疏于防范。在正午日光最强烈时，尽量避免日晒，且要多喝水。

此外，在前往海滩旅行前，也可通过日报和气象局（Bureau of Meteorology）网站查看澳大利亚政府发布的SunSmart紫外线警报（SunSmart UV Alert），从中了解需要特别注意防晒的时间段。

NO.4 岛屿之旅

澳大利亚广阔的土地上分布着多达 8000 个岛屿。这些岛屿不仅有着美丽的景色，还生活着众多活泼的小动物，更有一些原住民文化浓郁的岛屿等着你去探索。

PART 7 澳大利亚主题游精选

过来人经验谈

行走路途间·男·某公司职员·痴迷旅行

袋鼠岛的自然环境被保护得很好，让人身处其中有和谐之感。可能是为了更好地保护岛上的环境，登岛检查十分严格。我们前往时被禁止携带一切蜂蜜和蜂蜜制品，此外，如果登岛之前才野外露营完，要保证车辆、野营器具清洁，要清理掉登山鞋上的泥土和植物种子。前往袋鼠岛有两种方式，一种是乘飞机，一种是乘轮渡，我们提前预订好搭乘轮渡的票。另外，想要开车上船，需要额外缴费。

▲ 澳大利亚岛屿分布示意图

袋鼠岛

袋鼠岛（Kangaroo Island）是澳大利亚第三大岛屿，聚集了考拉、袋鼠、澳大利亚小企鹅，以及海狮和海豹等澳大利亚独特的野生动物。每到九十月份，岛上还会有很多鲜花竞相开放，十分美丽。

- 🏠 **地址** 圣文森特海湾（Gulf St. Vincent）的入口
- 📞 **电话** 08-855311850
- 🌐 **网址** www.tourkangarooisland.com.au

tips

袋鼠岛上有福林德柴斯国家公园（Flinders Chase National Park），是看野生动物、进行探险活动的好去处；岛上观光小镇有金斯科特（Kingscote）镇和彭纳肖（Penneshaw）镇，可到金斯科特小镇上寻找住宿和用餐的地方。

菲利普岛

菲利普岛（Phillip Island）因栖息着众多神仙小企鹅而闻名，是一个美丽的自然生态小岛。菲利普岛最有趣的景观是，在夜幕降临时分，一批批成群结队的小企鹅，摇摇摆摆地归巢，场面非常有趣。

- **地址** 墨尔本东南约130公里处
- **交通** 在墨尔本市内的南十字星火车站乘坐V/Line长途大巴可以到达岛上的小镇考斯
- **网址** www.visitphillipisland.com

tips

通常观赏企鹅的时间是18:30～20:00（5~9月），19:30～21:30(10月至次年4月)；在看完企鹅之后，还可到海豹岩观看小海豹表演，也非常有趣。

费沙岛

费沙岛（Fraser Island）是全世界最大的沙岛，拥有大型的沙丘、森林、河流、上升或位处高地的淡水湖。在这里驾驶四驱车畅游沙滩，在岩石之间游泳，或观看野生动物、雀鸟和鲸鱼，都是不错的选择。

- **地址** 昆士兰北部沿岸

摩顿岛

摩顿岛（Moreton Island）因野生海豚而闻名世界，又被称为"海豚岛"，在这里，每天晚上，大批海豚都会如约而至，在岸边戏水。这里还是观看鲸鱼、海鸟的好地方，同时还是滑沙的好去处。另外，摩顿岛上生长着澳大利亚标志性的树海，景观奇特，值得一看。在摩顿岛，还可以体验各种水上项目，近距离接触海洋生物。

- **地址** 昆士兰州东南海岸
- **交通** 乘坐 Tangalooma 公司的船可到
- **网址** www.visitmoretonisland.com

假如你想要到沙漠中大开眼界，可搭乘岛上特别巴士前往小小沙漠之地进行精彩的滑沙橇活动。

其他岛屿

其他岛屿		
名称	地址	特色
海曼岛（Hayman Island）	昆士兰州东北部岸外 Whitsaunday 海峡北口	澳大利亚坎伯兰群岛最北部的岛屿，是一个风景优美的度假海岛
布鲁尼岛（Bruny Island）	塔斯马尼亚州东南沿海	岛上除了居住点之外，还有牧场和大片的桉树森林。在向海的一侧有两片长长的海滩
豪勋爵群岛（Lord Howe Island Group）	悉尼东北部 780 公里处	拥有珍稀物种和世界上最南端的珊瑚礁，是游泳爱好者的天堂
圣灵群岛 (The Whitsundays)	布里斯班北面约 1187 公里对开海面上	由 74 座珊瑚小岛组成，属于大堡礁世界遗产保护区，其中的汉密尔顿岛素有澳洲"大堡礁之星"的美誉
吉普斯兰岛	维多利亚州东南	在这里能了解原住民的丰富历史，追踪古老的原住民贸易路线
克拉克岛	新南威尔士州德宝湾	可参观岩刻和古老的原住民定居点，观看传统的原住民欢迎仪式

管家提示

在澳大利亚的众多岛屿上，可感受不同的游览体验：驾船游玩圣灵群岛；驾驶四驱车来到费沙岛；到托雷斯海峡群岛（Torres Strait Islands）感受独特的文化；探访袋鼠岛或菲利普岛的野生动物；周游在悉尼港附近的各个小岛上；乘飞机远眺豪勋爵群岛的珊瑚礁。

NO.5 红土中心之旅

澳大利亚的红土中心地区是内陆自驾游的经典地方,在这里可领略到内陆地区奇绝的自然景观,还可了解当地悠久的原住民历史文化。

 过来人经验谈

 行走路途间·男·某公司职员·痴迷旅行

未出发之前就对红土中心地区有着强烈的探索欲,为了不触犯澳大利亚的神圣地,我报团参加了艾尔斯岩之旅。到达那里的时候是7月下旬,当地的气温在20℃~28℃。导游告诉我们要随身携带外套,因为那里白天和晚上温差有点大,果然,白天穿短袖,到了晚上没有件外套,还真有点冷。

 剪不断的山水情·女·摄影师·热爱生活,视角独特

经过一路颠簸,终于到达了神奇的帝王谷。一到帝王谷,我就被眼前宏伟的峡谷震撼了,我没有跟以前一样急切地拍照,因为我觉得拍照已经不能满足我观赏的欲望了。颜色丰富多彩的岩石断面,在阳光的照射下,绚烂多姿。我只能说,这种景象,我此生难忘。

艾尔斯岩

艾尔斯岩（Ayers Rock）又名乌卢鲁（Uluru），它奇迹般地凸起在平坦荒漠之中，像一座巍然屹立的天然丰碑，让人充满了敬仰之情。这块世界最大的独立整体岩石，会随着阳光照射角度的不同不断变换自身的颜色，十分神秘。

地址 北领地

格兰海伦峡谷

格兰海伦峡谷(Glen Helen Gorge)是 Mereenie 环道沿线最美的景点之一。可横穿麦克唐奈山脉来到格兰海伦峡谷，沿途风景秀丽。格兰海伦峡谷是安营扎帐、观赏日落美景的绝佳地点。

地址 爱丽丝泉西部的西麦克唐奈国家公园中
电话 8-89567489
网址 glenhelen.com.au

帝王谷

帝王谷（Kings Canyon）又称澳大利亚大峡谷，绵延 1 公里，有 3.5 亿年历史。峡谷中的岩石断面的颜色多种多样，景色十分壮观。帝王谷远离城市喧嚣，对热爱探险、追求刺激的旅行者来说，是一个神秘且充满了趣味的好去处。

地址 爱丽斯泉 460 公里处的乔治吉尔山脉中
电话 8-89567442

管家提示

1. 自驾游览

在澳大利亚内陆旅行,驾驶四驱车最为合适;如果想要到偏远、崎岖的地区驾车,需做好充分准备,比如要检查道路状况,确保自驾车辆装备充足,需要一张最新的地图、额外的储备并制订好紧急计划,同时告知其他人你想要到达的目的地。如果汽车在偏远地区发生故障,不要离开汽车,但是也不要躲在车内,因为车内会更加热。

2. 红土中心游览路线

第一天:爱丽丝泉—格兰海伦峡谷或芬克峡谷国家公园

```
爱丽丝泉
   ↓
麦克唐奈山脉
   ↓         ↓
芬克峡谷    斯坦利
国家公园    峡谷
   ↓         ↓
```

| 埃勒里溪大水潭(Ellery Creek Big Hole)、奥米斯顿峡谷(Ormiston Gorge)、红岸峡谷(Redbank Gorge)和格兰海伦峡谷 | 沿着芬克河(Finke River)两岸高耸的砂岩悬崖驾车前行,观看火红的沙丘和盐池,寻访棕榈谷(Palm Valley)的沙漠绿洲 |

第二天:格兰海伦峡谷—帝王谷

格兰海伦峡谷 → 特若拉(Tnorala) → 帝王谷宿营

第三天:帝王谷—艾尔斯岩

帝王谷 → 伊甸园(Garden of Eden) → 艾尔斯岩

第四天:乌卢鲁-卡塔楚塔国家公园

第五天:返回爱丽丝泉

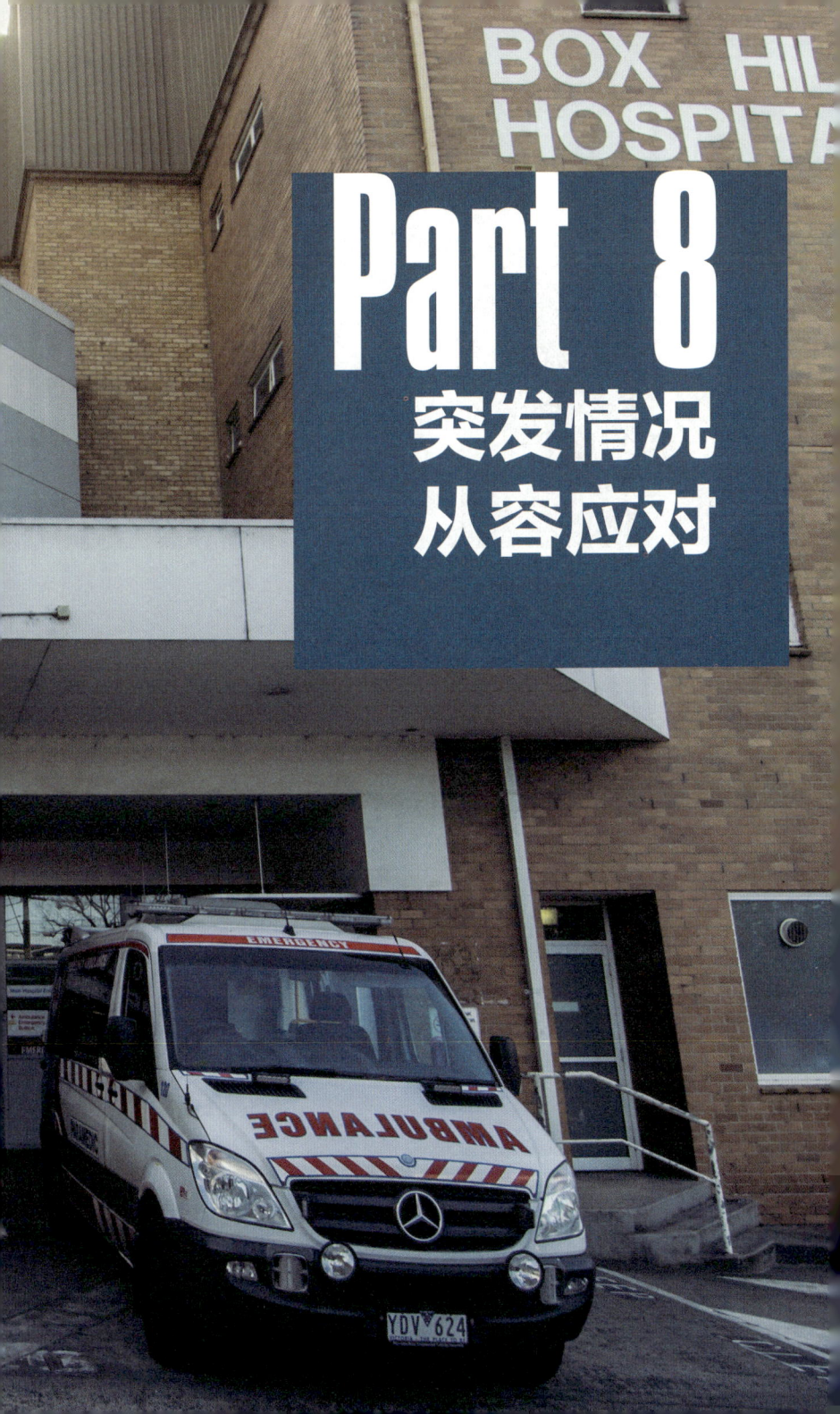

Part 8
突发情况 从容应对

NO.1 物品丢失

过来人经验谈

 Fashion 紫陌·女·时尚编辑·喜爱摄影

出门在外，为了防止重要物件遗失，一定要做好备份。我在出发前，将重要证件做好复印件，还在U盘里存了一份电子版的证件扫描件。

★ 护照丢失

1. 报案

向当地警察局报失，获得警察局出具的报失证明、丢失护照的书面报告，再去邻近的中国驻澳大利亚使领馆补办护照。

2. 准备补办文件

当地警察局的报失证明、丢失护照的书面报告，丢失护照的复印件，身份证原件及复印件，护照申请表，护照照片3张（照片须为正面、免冠、半身、光面相纸、背景为白色或淡蓝色、半年内的彩色照片）。

> **tips**
>
> 出国前将相关身份证明先做好备份，并随身带上复印件；同时将身份证复印照片、护照首页和签证页照片、户口本照片、机票行程单拍照，备份在电邮中。

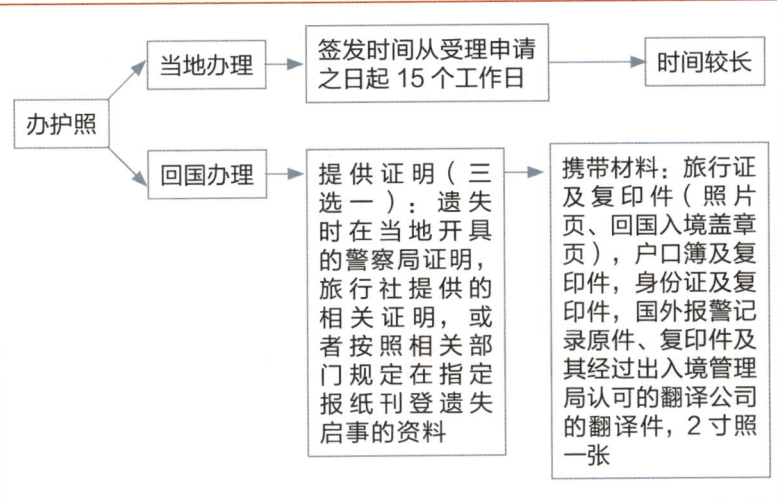

▲办理护照流程图

★ 信用卡丢失

1. 拨打电话挂失

拨打所持信用卡国际组织的 24 小时海外紧急支援电话，办理挂失。

2. 紧急取现

每家信用卡发卡行取现金额上限不同，且只可取现一次。

3. 紧急补卡

问清补发所需时间和手续，告知对方自己在澳大利亚的地址，办卡通常需 1~2 天。失卡人可在指定的当地发卡机构领取紧急替代卡。紧急替代卡仅供一般消费，无法取现，有效期一般为两周至一个月。

tips

1. 出发前把发卡金融机构的名称、客户服务电话号码以及信用卡账号记录下来，以便需要时翻查。

2. 紧急取现和紧急补卡都要收取服务费。VISA 和 MasterCard 金卡在境外补发替代卡时不收服务费，普通卡将会收取一定的手续费；由于持卡人自身原因未领取替代卡或申请替代卡被拒，银行仍将收取 50 美元/笔的服务费。

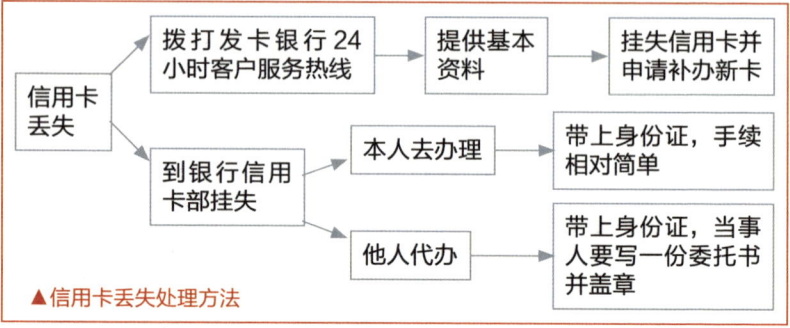

▲信用卡丢失处理方法

★ 行李丢失

1. 在周围找

先看周围有没有类似的行李，若有，行李可能被错拿。

2. 找人帮忙

在机场或酒店都可以找工作人员帮忙。

3. 遗失登记

在机场，可持贴在登机牌上的行李存根，填写报失单，写清楚行李箱中的物品和价格，保留一份副本及工作人员的姓名及电话。

4. 理赔

行李在3天内没有被找到，航空公司会按照合同给予赔偿。

★ 机票丢失

1. 机票挂失

在国内机票丢失，可直接打电话到对应的航空公司挂失，然后到柜台换领新的机票；在澳大利亚丢失，可到航空公司在当地的办事处办理替代机票。如果是电子客票遗失了，则无须挂失，可凭身份证或护照直接登机。

2. 补办机票

带机票复印件到对应的航空公司在当地的办事处办理挂失并补开替代机票。

3. 申请退费

若没有原机票复印件，可以另外买机票回国，回国后再到原航空公司填写遗失机票挂失申请单。如果遗失的机票没被盗用，一定期限后，可向航空公司申请退费。

> **管家提示**
>
> 在整个旅行过程中，一旦遭遇行李或贵重物品损坏、丢失、被窃或人身伤害等意外事件，须及时报损、报失或报警，以将损失降低到最大限度。要注意，不要携带大量现金出门，也不要露富，同时还要随时留意自己随身携带的物品。此外，要随身携带身份证件或者复印件，当遇到警察检查护照等证件时，应该先让对方出示证件。

tips

机票的种类比较多，且价位不同补票的措施也有所差异，所以机票的挂失程序还需以每家航空公司的规定为准。

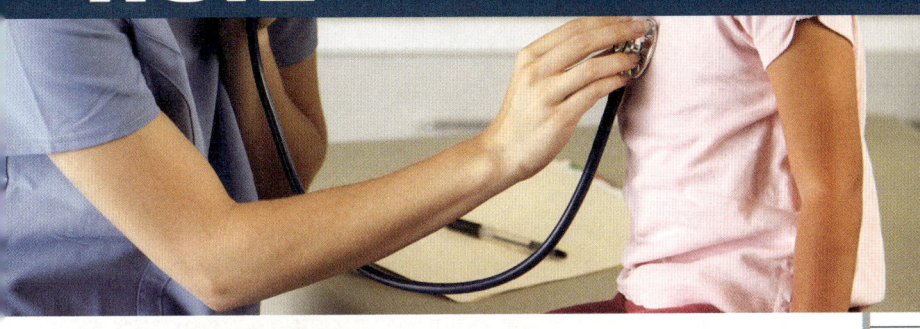

NO.2 身体不适

过来人经验谈

行走路途间 · 男 · 某公司职员 · 痴迷旅行

这次出行，最不幸的事就是，我竟然生病了。关键是还没有带药来，跟当地人打听了一下，想要买药还需要医生处方，而且价格很贵。幸好遇到了一个好心的北京阿姨，赞助了我一盒药。

★ 说说澳大利亚医疗

由于时差或饮食的关系，初到澳大利亚可能会出现头痛、胃痛、失眠及感冒等毛病，熟悉澳大利亚的医疗体系，有利于及时解决旅途中出现的病痛问题。澳大利亚的医疗体系健全，医院分公立和私立两种。

在澳大利亚看普通病

1. 若需要中文医生

通常澳大利亚的医院会提供翻译帮助服务，在"全国翻译标志（National Interpreter Symbol）"的地方可寻求翻译帮助。此外，你也可以在当地的电话黄页上查找医生信息，也可以让保险公司提供能讲中文的医生的信息。

2. 预约

看病时需要与医生预约就诊时间。

3. 付费

看病后可能需要先支付医疗费，然后去保险公司报销，一定要保存好收据。

在澳大利亚看急诊

1. 有生命危险的急诊

可打急救电话000叫救护车，到达急诊科后先由急诊科分诊护士按病情轻重分类，后由医生处理。

2. 没有生命危险的急诊

可自行前往医院急诊中心，澳大利亚的急诊服务并不免费，需带好医疗保险证明，或按医院的要求支付押金。有保险的病人可能由保险公司支付相关费用。

> **tips**
>
> 医生可以请翻译服务处（TIS National）提供的口译员协助诊疗，通常这种服务需要收费。如有需要，医生还可以预约现场口译员为你服务。此外，急诊需要的救护车费用根据州或领地有所不同，如果你没有救护车保险，即使路途很短，费用也不便宜。因而如果不是十分紧急的情况，最好不要去医院急诊中心看医生。保险公司对患者病情是否有必要使用医院急诊这一点会严查，如果不符合保险公司的要求，他们可以拒绝报销急诊费用。

★ 买药方式

澳大利亚实行医药分离原则，医生只负责看病开处方。如果医生认为你需要药物治疗，会给你开处方，处方药通常需要到专门的药店购买，而一些非处方药物可以在药店或一些超市购买。

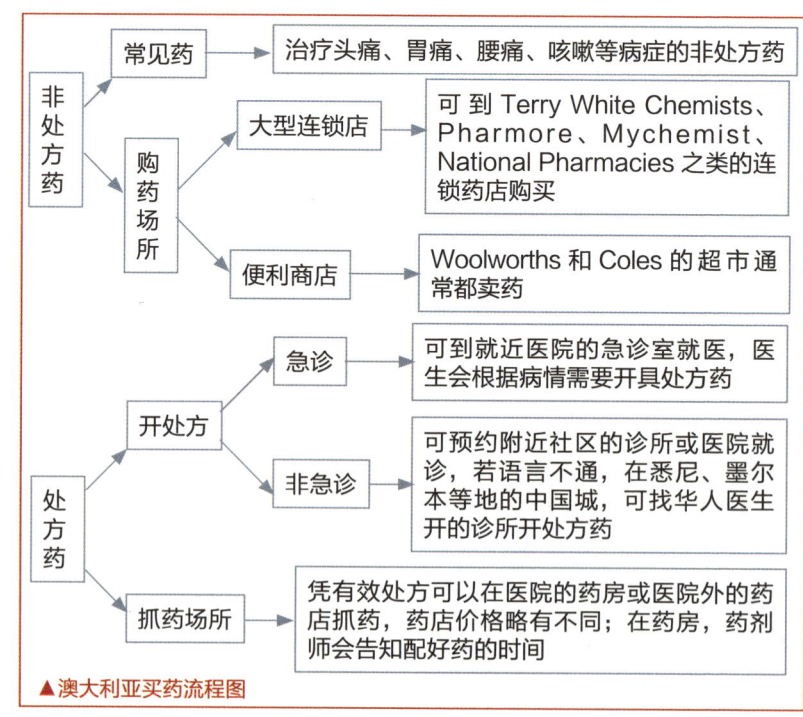

▲澳大利亚买药流程图

> **tips**
>
> **1** 你可拨打药物专线 1300633424（周一至周五 9:00 ~ 17:00）了解相关的处方信息。此外，药房也可以使用电话口译员为你解说药物情况。
>
> **2** 如果有慢性病，可从国内带足药，以防万一。如果在旅游过程中，发生心绞痛、摔伤、崴脚等身体严重不适症状，千万不要错过最佳治疗时间。

★ 食物中毒

如果只是轻微食物中毒，可先试着喝大量水，清理肠胃，上吐下泻症状差不多结束之后，再吃点止泻药。若比较严重，可请求别人帮忙，到附近社区的诊所或医院就诊。

★ 普通感冒

在去澳大利亚前，可以准备一些常见的治疗感冒的药品。出现感冒症状时，可先吃药缓解下，再好好睡上一觉，补充体力。

★ 突发疾病

可求助于身边或附近的人员，请他们帮忙叫救护车或送往附近的医院，尽量安排就医。若为慢性病发作，拿出在国内提前准备的英文诊断书，有助于当地医生尽快做出判断。

管家提示

如果遇到意外伤害或者突发疾病无法前往医院，要及时拨打急救电话000，呼叫救护车。在就诊时，须出示有效的身份证件。此外，要注意的是，澳大利亚的医疗体系收费价格高昂，因而在前往澳大利亚旅行之前，一定要购买适合自己的医疗保险。

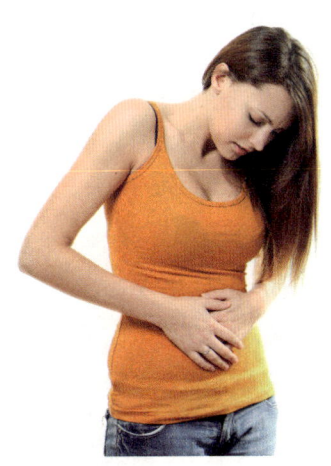

NO.3 其他突发事件

> 过来人经验谈
>
> **Fashion 紫陌·女·时尚编辑·喜爱摄影**
>
> 初到悉尼,我经常迷路,在迷路、问路、再迷路中徘徊。大概三四天之后,情况才有好转。当地人很热情,他们总会很热心地为我指路。记得有天晚上我迷路了,问了好几个人才回到酒店,真是令人难忘的旅程啊。

★ 卫生间的那点事

澳大利亚的公共卫生间一般叫 Toilet、W.C. 等,其中男士卫生间一般称为 men's、gent's、gentlemen's,女士卫生间被称为 women's、lady's。

网站上获取卫生间信息

在去澳大利亚旅行之前,可以在厕所地图网站(toiletmap.gov.au)上了解一下澳大利亚卫生间的相关信息,里面有 14 000 多个卫生间地点。

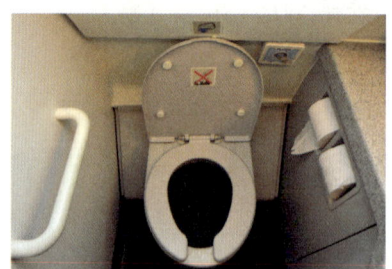

❶ 登录网站，输入相应的城市和街道名称，点击 find 即可查找

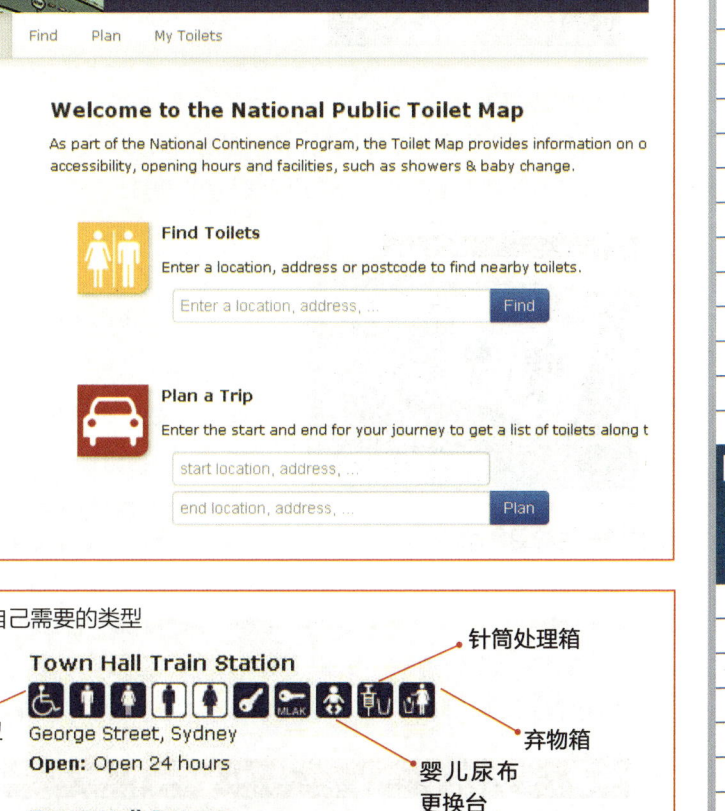

❷ 点击自己需要的类型

针筒处理箱

Town Hall Train Station

残疾人卫生间

George Street, Sydney
Open: Open 24 hours

弃物箱

婴儿尿布更换台

Town Hall Square

Corner of Bathurst & Kent Streets, Sydney
Open: Mon-Wed,Fri 6am-7pm; Thu 6am-9pm; Sat-Sun 9am-4pm

tips

当在厕所看到下图所示的黄色箱子时，不要将其误以为是垃圾桶，它其实是为施打毒品者专门设置的丢弃针筒的针筒处理箱，看到它时不要用手摸，以免感染病毒。

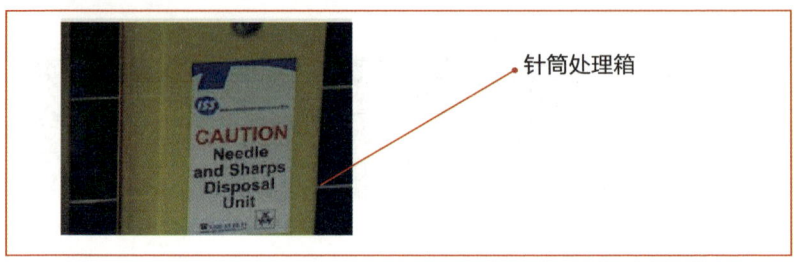

针筒处理箱

街头的公共卫生间

澳大利亚街头的公共卫生间不太多，但是都比较现代化，且大都提供手纸，设备齐全。澳大利亚的公共洗手间绝大多数都是免费的。

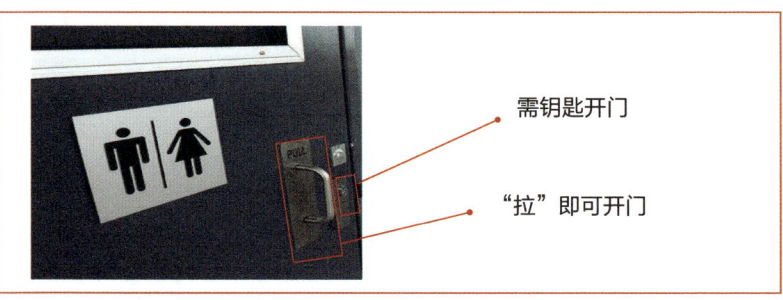

需钥匙开门

"拉"即可开门

公共场所内的卫生间

在车站、商场、超市、餐厅以及各大景点等公共场所内都设有卫生间，这些卫生间大多设施齐全，不仅有卫生纸、洗手液等，还有悬挂和放置衣物、雨伞、包的地方。此外，在大多数的景点、公园内都设有残疾人卫生间和母婴卫生间，其中母婴卫生间有很多设施，如方便给孩子喂奶的座椅，给孩子换尿不湿的设施等。

★ 迷路了怎么办

在旅途中迷路，不要盲目前行，最好的解决办法是主动问路。问路对象建议选择警察、附近商家，也可以选择学生等人，要礼貌地询问。如果带有地图或指南针，可先大概确定自己的方位和住宿方向，查看附近有无标志性建筑或相符的地理特征。此外，迷路了还可以打电话到租车公司进行咨询。单身旅行者或几个人结伴旅行时，建议不要在大街上把地图摊开进行研究，因为这样容易成为坏人的目标。

 管家提示

在外旅行，要随时将自己的行踪报告给亲友或当地朋友，尽量避免因手机断电、关机或其他情况而长时间与亲友失去联系，这将给亲友造成不必要的恐慌，并不利于自身安全。

专题：
带小孩游澳大利亚

澳大利亚有众多让孩子感兴趣的动物园、海洋馆和博物馆，还有很多吸引孩子注意力的澳大利亚特有的小动物以及秀美的风光，非常适合带领孩子进行户外活动。与小孩一起去澳大利亚旅游，并不是一件很麻烦的事情。

★ 签证

1 父母与孩子同行

未满 18 周岁的申请人，须由父母或监护人签署申请表格，在准备签证材料时还需补充证明孩子和其父母关系的材料，包括孩子的出生证明复印件（上面应有孩子和父母双方的姓名），父母的结婚证复印件。

2 父母一方与孩子同行

如孩子的父母中有一方不与孩子同行，需要提供不同行父/母的身份证复印件，并在 www.immi.gov.au/allforms/pdf/1229.pdf 上下载并填写 1229 号表格，或者需要不同行父/母的书面签名授权，并注明同意其孩子赴澳、赴澳的大致日期及停留时间、允许其孩子一次还是多次赴澳、不同行父/母的联系方式。

★ 机票

国内航空公司规定婴儿必须出生满14天后才能登机,以免呼吸器官无法适应。购买婴儿票须告知出生日期,婴儿票一般是正价的10%,没有燃油和机场建设费,没有座位。已满2周岁未满12周岁(以起飞日期为准)的儿童,按同一航班成人普通票价的50%付费,有座位。

1 座位选择
换登机牌时,提前声明自己带有孩子,尽量让工作人员安排在人少的地方或者靠舱壁的座位。带孩子最好坐在靠边的位置,可把毛巾放在前面的地板上,让孩子在上面玩耍。

2 儿童或婴儿餐
部分国际长途飞机提供儿童或婴儿餐,需要在购票时说明需要婴儿餐,不说就没有。

3 生理安全
起飞和降落时,孩子耳膜容易受影响,可给孩子喂奶或让孩子喝水、吃东西等,尽量让孩子张开嘴,让耳膜受气压平衡就好。

4 整理清洁
若需要给婴儿换尿布,一定要带去卫生间处理。飞机两边的厕所,都带有婴儿更换尿布的放板。

5 随身携带物品
带好婴儿食品,以备不时之需;飞机上较干燥,带上湿纸巾。如果怕孩子哭闹,可以准备孩子平时喜欢的图画书或不出声的玩具,还可以准备一些孩子喜欢吃的零食。

★ 住宿

澳大利亚的住宿地种类很多,父母可以根据家庭要求选择住宿类型,通常跟父母一起入住的12岁以下的儿童可享受住宿优惠。在澳大利亚通常入住酒店价格比较高,在悉尼等大城市,每晚需要200澳元以上,不过提供给孩子的设施比较齐全。只有短租公寓和家庭旅馆的费用较低,但是专为孩子提供的设施不够齐全。如果选择民宿,在预订时要询问是否允许儿童入住。

★ 游玩

1 时间选择
澳大利亚与我国四季相反,12月至次年2月为夏季,6~8月为冬季,所以很多游客转赴澳大利亚"避寒"或是"避暑",夏季和冬季就成为澳大利亚旅游旺季。旺季出游的人非常多,需要提前预订住宿、受欢迎的旅游目的地等。出行可选择春季和秋季前往。

2 线路设计
设计线路时要考虑周全,行程尽量轻松,不能让小孩子过于疲劳。在行程中尽量安排一些有趣的旅游点。如果天气不好,可安排到博物馆等室内场所游玩。如果租车自驾,儿童要坐安全座椅。

3 适合孩子游玩的地方

悉尼:悉尼歌剧院、悉尼水族馆、邦迪海滩、植物学湾、塔龙加动物园

墨尔本:墨尔本皇家动物园、墨尔本水族馆、菲利普岛(周边)、草莓农场

堪培拉:澳大利亚国家博物馆、国家恐龙博物馆、堪培拉小人国

凯恩斯:凯恩斯博物馆、大堡礁、凯恩斯海底水族馆

黄金海岸:冲浪者天堂海滩、库尔加塔海滩、梦幻世界

布里斯班:南岸公园、龙柏考拉保护区

阿德莱德:阿德莱德动物园、袋鼠岛(周边)

达尔文:鳄鱼湾乐园、卡卡杜国家公园(周边)

珀斯:国王公园、西澳大利亚水族馆、科特索海滩

爱丽丝泉:沙漠公园

塔斯马尼亚:恶魔公园、亚瑟港

4 享受折扣
在旅游景点、门票、交通费用方面,儿童一般可以享受到半价的优惠。有些景点和游玩设施还提供家庭套票,比单买价格合适。大多数的景点对2岁以下的儿童免费开放。

tips

1 注意交通出行安全

在上下车拥挤时一定要看护好孩子,以防孩子被挤伤或碰伤;儿童乘车必须坚持使用儿童安全座椅,还需系上安全带;在自驾出行时,不要让孩子靠近打开的车窗;教孩子一旦被反锁在车里,要学会以尖叫或大喊的方式报警。

2 游玩安全事项

在玩儿童过山车等大型运动玩具之前,一定要告诉孩子,中途千万不要站起来,也不能解开安全带。

3 告诉孩子迷路了该怎么办

告诉孩子不要跟随陌生人走,如果感觉自己无法摆脱陌生人,可以乘其不备向人多的地方跑;要让孩子知道家人的电话号码,教会孩子怎样找到公用电话、怎样打电话,必要时还可以寻求警察叔叔的帮助;在孩子身上放一张家长联系卡。

4 遇到危险如何自救

在出行前,父母要教给孩子一些应对着火、踩踏、掉进水中等危险情况的方法。此外,带着孩子每到一个地方,都要牢记安全出口的位置。

★ 饮食

1 提供儿童餐的餐厅

在澳大利亚,有很多适合儿童的用餐场所,餐厅会提供一些符合儿童需求的菜肴,有儿童椅,有些餐厅还提供适合小孩玩的玩具。更有一些比较人性化的餐厅,还提供保姆帮忙照看孩子。

2 不提供儿童餐的餐厅

在不提供儿童餐的餐厅,可以提前到餐厅,询问厨房是否可以做小份的菜或问小份菜的价格,也可以提出把主菜分到小盘子里给小孩。如果小孩对饮食比较挑剔,可以选择到中餐馆、墨西哥餐厅和意大利餐厅用餐。

3 野餐

如果在一个地方时间比较充裕,可考虑到当地的超市或农贸市场采购特色食物和特产,到公园或海滨等地享用。

tips

1 准备常用物品

除了小孩必备的衣服和生活用品,行李包内一定要备好可以保暖和挡风雨的外套或风衣。出发前,建议准备些适合小孩用的感冒药、肠胃药、退烧药、跌打损伤药、防蚊虫叮咬药膏等常用药,还可准备一支体温计。

2 小孩在澳大利亚身体不适

澳大利亚的医药费比较贵,在出国之前可购买旅行伤害保险和医疗保险,带上保险公司所发的小册子,若孩子受伤或生病,可按小册子联系当地的指定机构,一般都能提供中文或英文服务。

专题：带老人游澳大利亚

澳大利亚气候适宜，城市风光和自然景点多，无论是陪老人去悉尼歌剧院看场精彩的戏剧演出，还是一起漫步在黄金海岸美丽的沙滩上，更或者是去看看巨型的波浪岩，都将收获不一样的乐趣。

★ 签证

老年人签证，除了1419号表格、本人有效护照及旧护照（原件）和2份最新护照的个人材料页复印件（一份为彩色复印件）、户口本及身份证的彩色复印件1份等必备材料，还需准备财产证明、退休证、旅游计划、飞机票预订单、老年人健康体检等辅助材料。

tips

1 出门前检查身体状况

老人出门旅游，要根据具体状况，提前做好身体准备。即使是身体状况较好的老人，也建议在出门前进行一次常规体检；如果是患有慢性病的老人，出游前最好拜访一下医生，让医生鉴定自己的身体状况是否适合出游。

2 携带常用药

出门在外，生活习惯有所改变，容易引起身体不适。老人如患有高血压病、糖尿病、冠心病等，要带好平时必备的药品。此外，还可带一些防止晕车、晕船的药以及止泻药、消炎药或通便药等，以备不时之需。

★ 住宿

在澳大利亚，可选择酒店、公寓、汽车旅馆、民宿等，预订时可询问酒店是否有电梯和早餐。入住时，尽量让工作人员安排安静、整洁的房间。老人夜间要有陪伴人员同住，房间最好能住两铺位的标准房，不宜住在人多、声音嘈杂、干扰安睡的地方，保证老人能安睡6~7小时。

★ 游玩

澳大利亚辽阔的地域上有着丰富的自然景观和动植物，还有着独一无二的海洋风光以及历史悠久的原住民文化。老年人来这里旅游，可以到海滩上漫步，到动物园中观赏澳大利亚当地特有的动物，也可到艾尔斯岩感受大自然的造化神奇，体验澳大利亚那份独有的风情。

1 时间选择

对老人来说，寒冷的冬季和炎热的夏季都不太适合外出旅游，春暖花开的时节最适合老人旅游。澳大利亚地域广，气候变化大，可根据不同城市或者景点的气候状况选择出行时间。旅游时间不宜过长，建议以7~12天为宜。

2 行程安排

由于旅游会打破老人平时的作息习惯，老人还要适应澳大利亚的时差，所以在行程安排上不宜太紧密，以舒适、节奏缓慢为主。选择目的地时，除了老人感兴趣、没去过的新鲜地方外，还要考虑目的地的气候、地理条件、舒适度等要素。老人宜多玩水，少游山；多游平地名胜古迹，少一些登高涉险的活动。对身体比较好的老人，可适当安排一些难度不大的登山、戏水线路。

3 推荐游玩地

悉尼：悉尼歌剧院、澳大利亚国家海事博物馆、达令港、岩石区

墨尔本：联邦广场、皇家展览馆、维多利亚艺术中心、菲茨罗伊花园

堪培拉：澳大利亚国家博物馆、议会大厦、伯利格里芬湖

凯恩斯：大堡礁（周边）、凯恩斯热带动物园

布里斯班：昆士兰文化中心、城市植物园

阿德莱德：南澳大利亚博物馆、澳大利亚国家葡萄酒中心

达尔文：两百年纪念公园、达尔文码头区

珀斯：天鹅河、西澳大利亚博物馆、珀斯铸币厂、波浪岩（周边）

爱丽丝泉：爱丽丝泉沙漠公园、澳大利亚中部博物馆

塔斯马尼亚：宪法码头、菲尔德山国家公园、亚瑟港

4 享受优惠

老年人前往澳大利亚旅游，可享受各种优惠，许多景点、住宿地，对老人都有特别的优惠。

Part 9
附录

★ 应急电话

澳大利亚应急电话	
名称	电话
紧急救助（匪警、急救、消防）	000，备选紧急电话 112
非紧急情况报警求助	131444
翻译热线	131450
生命求助热线	131114
酗酒及毒品热线	2-98180444
紧急牙科服务	2-98160308
拨号上网求救	106
人体免疫力缺乏病毒／艾滋病诊所热线	11620

tips

拨通 000 后，接线员通常会让选择警察、消防队或救护车。如果你不会讲英文，可直接告诉接线员需要 Chinese（中文）翻译。提供详细的信息，特别是准确的位置信息，如城区、街道名称、门牌号等，如果在公路上，则可报上自己经过的城镇名称和公路名称。

★ ATM 取款常用语

ATM 取款常用语中英文对照			
中文	英文	中文	英文
现金	Cash	密码	Personal Identification Number
取现	Withdrawal	更改密码	PIN Change
转账	Transfer	账户余额	Account Balance
快速取款	Fast Cash	余额查询	Balance Inquiry
支票账户	Checking Account	可用余额	Available Balance
储蓄账户	Saving Account	余额不足	Not Sufficient Funds
信用卡	Credit Card	终端便利费	Terminal Usage Fee
交易凭条	Recipt	取现金额超限	Amount exceeds withdrawal limit

★ 中国驻澳大利亚使领馆

中国驻澳大利亚使领馆信息

名称	地址	电话	交通
中国驻澳大利亚大使馆（堪培拉）	15 Coronation Drive, Yarralumla	02-62734780	乘100、111、161、312等路公交车到Commonwealth Av. Albert Hall 站下即可
中国驻悉尼领事馆	39 Dunblane Street, Camperdown	02-85958002	乘412、413、439、480、N50等路公交车到Parramatta Rd.Near Larkin St. 站下即可
中国驻墨尔本领事馆	5-77 Irving Road, Toorak	03-98220604	乘8路有轨电车到Irving Rd./Toorak Rd. 下即可
中国驻布里斯班领事馆	Level 9, 79 Adelaide Street, Brisbane	07-32106509-200	乘城市火车到中央火车站或罗马街火车站下，然后步行前往
中国驻珀斯领事馆	45 Brown Street, East Perth	08-92220333	乘92路公交车到Royal St. Royal Square Yellow Cat 4 站下，然后步行前往

★ 澳大利亚主要旅游网站

澳大利亚主要旅游网站推荐

名称	网址	名称	网址
澳大利亚旅游局	www.australia.cn	维多利亚州官网	cn.visitmelbourne.com
澳大利亚旅游局媒体网站	www.media.australia.cn	昆士兰州官网	www.queensland.com.cn
新南威尔士州旅游局	www.sydney.cn	塔斯马尼亚旅游局	www.discovertasmania.net.cn
西澳大利亚州官网	www.westernaustralia.com	北领地旅游局	www.australiasoutback.cn
南澳大利亚旅游官网	cn.southaustralia.com	黄金海岸官网	www.visitgoldcoast.cn

PART 9

附录

★ 澳大利亚世界遗产

澳大利亚世界遗产			
中文名	英文名	列入时间	类别
大堡礁	Great Barrier Reef	1981年	世界自然遗产
卡卡杜国家公园	Kakadu National Park	1981年, 1987年、1992年扩展范围	世界文化与自然双重遗产
威兰德拉湖区	Willandra Lakes Region	1981年	世界文化自然遗产
豪勋爵群岛	Lord Howe Island Group	1982年	世界自然遗产
塔斯马尼亚荒原	Tasmanian Wilderness	1982年, 1992年扩展范围, 2010年范围略作修改	世界文化与自然双重遗产
澳大利亚冈瓦纳雨林	Gondwana Rainforests of Australia	1986年, 1994年扩展范围, 2007年扩展范围后更改为现有名称	世界自然遗产
乌卢鲁－卡塔楚塔国家公园	Uluru-Kata Tjuta National Park	1987年, 1994年扩展范围	世界文化与自然双重遗产
昆士兰湿热带地区	Wet Tropics of Queensland	1988年	世界自然遗产
西澳大利亚鲨鱼湾	Shark Bay of Western Australia	1991年	世界自然遗产
弗雷泽岛	Fraser Is land	1992年	世界自然遗产
澳大利亚哺乳动物化石遗址	Australian Fossil Mammal Sites	1994年	世界自然遗产
赫德岛和麦克唐纳群岛	Heard and McDonald Islands	1997年	世界自然遗产
麦夸里岛	Macquarie Island	1997年	世界自然遗产
大蓝山山脉地区	Greater Blue Mountains Area	2000年	世界自然遗产
波奴鲁鲁国家公园	Purnululu National Park	2003年	世界自然遗产
皇家展览馆和卡尔顿园林	Royal Exhibition Building and Carlton Gardens	2004年	世界文化遗产
悉尼歌剧院	Sydney Opera House	2007年	世界文化遗产
澳大利亚罪犯流放地遗址	Australian Convict Sites	2010年	世界文化遗产
宁格罗海岸	Ningaloo Coast	2011年	世界自然遗产

★ 澳大利亚行政区划

澳大利亚有六个州（State）和两个地区（Territory）。

澳大利亚行政区划			
州名/领地名	州名英文简写	首府	英文名
新南威尔士州	NSW	悉尼	Sydney
昆士兰州	QLD	布里斯班	Brisbane
南澳大利亚州	SA	阿德莱德	Adelaid
塔斯马尼亚州	TAS	霍巴特	Hobart
维多利亚州	VIC	墨尔本	Melbourne
西澳大利亚州	WA	珀斯	Perth
首都地区	ACT	堪培拉	Canberra
北领地	NT	达尔文	Darwin

★ 女性与儿童健康

女性健康

在澳大利亚旅行，女性卫生用品很容易购买，质量还比较好，避孕药品的选择比较多，也可以自己携带。

在澳大利亚气候炎热的地方，应保持良好的个人卫生习惯。可穿宽松的衣服和纯棉内裤，有助于防止真菌感染。尿道感染可能由脱水或长时间乘坐汽车而很少有机会上厕所所致，可携带适当的消炎抗生素。

儿童健康

儿童的抵抗力、耐性较差，出门旅游，应该注意选择卫生条件好、交通方便的旅游点。选择定点旅游，避免东奔西跑，天天换酒店。选择适合宝宝游玩的安全项目。

儿童的衣物、食品、药品、手推车等，要在行前准备好。如有喝牛奶的宝宝，要携带多个奶瓶替换，晚上回酒店要用热水洗净消毒，而且要带热水瓶。不要让孩子吃生冷的食物，如沙拉、冰水之类。

旅行时，可怀抱婴幼儿或让其坐推车，可行走的幼龄儿童要由成人搀扶。儿童好动，旅游中可能发生擦伤、跌倒、扭伤甚至骨折的情况，家长要密切留意孩子的举动。

在坐飞机或坐车时，要帮助或督促儿童系好安全带（婴幼儿抱在怀中），不要让他们随便走动，防止因颠簸时碰撞而受伤。儿童的情绪波动大，哭闹有可能妨碍他人休息，所以应做好安排，如让他看图书、听故事。飞机起降时，儿童会感到耳朵痛，让他们喝奶、咬奶嘴、嚼糖果有助于减轻症状。

策划编辑：马　瑞
责任编辑：贾东丽

图书在版编目（CIP）数据

澳大利亚旅行助手/《出境旅行助手》编辑部编著
.——北京：旅游教育出版社，2016.1
（出境旅行助手丛书）
ISBN 978-7-5637-3324-8

Ⅰ.①澳… Ⅱ.①出… Ⅲ.①旅游指南—澳大利亚
Ⅳ.①K961.19

中国版本图书馆CIP数据核字（2015）第321584号

澳大利亚旅行助手
《出境旅行助手》编辑部　编著

出版单位：	旅游教育出版社
地　　址：	北京市朝阳区定福庄南里1号
邮　　编：	100024
发行电话：	(010) 65778403　65728372　65767462（传真）
本社网址：	www.tepcb.com
E-mail：	tepfx@163.com
印刷单位：	北京利丰雅高长城印刷有限公司
经销单位：	新华书店
开　　本：	787mm×1092mm　1/32
印　　张：	7.5
字　　数：	160千字
版　　次：	2016年1月第1版
印　　次：	2016年1月第1次印刷
定　　价：	39.00元

（图书如有装订差错请与发行部联系）